中國学術思想 研究輯刊

三 編
林 慶 彰 主編

第 20 冊

陽明「內聖之學」研究

林 月 惠 著

花木蘭文化出版社

國家圖書館出版品預行編目資料

陽明「內聖之學」研究／林月惠 著 — 初版 — 台北縣永和市：
花木蘭文化出版社，2009〔民98〕

目 4+166 面；19×26 公分

（中國學術思想研究輯刊 三編：第 20 冊）

ISBN：978-986-6528-90-3（精裝）

1.（明）王守仁　2.學術思想　3.陽明學

126.4　　　　　　　　　　　　　　　　98001728

ISBN - 978-986-6528-90-3

9 789866 528903

中國學術思想研究輯刊
三　編　第二十冊　　　　　　ISBN：978-986-6528-90-3

陽明「內聖之學」研究

作　　　者	林月惠
主　　　編	林慶彰
總　編　輯	杜潔祥
出　　　版	花木蘭文化出版社
發　行　所	花木蘭文化出版社
發　行　人	高小娟
聯　絡　地　址	台北縣永和市中正路五九五號七樓之三
	電話：02-2923-1455／傳眞：02-2923-1452
網　　　址	http://www.huamulan.tw 信箱 sut81518@ms59.hinet.net
印　　　刷	普羅文化出版廣告事業
封　面　設　計	劉開工作室
初　　　版	2009 年 3 月
定　　　價	三編 28 冊（精裝）新台幣 46,000 元

陽明「內聖之學」研究

林月惠　著

作者簡介

林月惠，1961 年生，臺灣省彰化縣人。臺灣省立臺中師範專科學校畢業，臺灣師範大學國文研究所碩士（1988），臺灣大學中國文學研究所博士（1995）。曾任國小教師、嘉義師範學院語文教育學系講師、副教授、哈佛燕京學社訪問學人（2002-2003）、韓國國立首爾大學哲學思想研究所客座研究員（2006），現任中央研究院中國文哲研究所副研究員，主要研究領域為宋明理學、中韓儒學比較研究。

著有：《詮釋與工夫：宋明理學的超越蘄嚮與內在辯證》（2008）、《良知學的轉折——聶雙江、羅念菴思想之研究》（2005），合編有：《現代儒家與東亞文明：問題與展望》（2002）、《現代儒學與西方文化：宗教篇》（2005）。另有關於宋明理學、中韓儒學，以及其他學術論文數十篇。

提　要

　　本文以「陽明『內聖之學』研究」為題，除〈緒言〉（含研究動機、研究範圍、研究態度與方法等）、〈附錄〉與〈後記〉外，全文共分五章完成。

　　第一章：陽明思想之中心課題——人人皆可成聖。此章分別從陽明之學思歷程與宋儒所留下之心性是否為一的問題，來烘托陽明思想之中心課題是「人人皆可成聖」。此乃內聖之學的核心問題，而此問題之開展，即是道德實踐之所以可能的超越根據的認定，及對道德實踐有無必然性的解答。

　　第二章：陽明思想與其先行者之關係。此章分三節說明陽明與朱子、陸象山與孟子之關係，並從客觀義理上指出，陽明思想實從朱子轉出而歸宗於象山與孟子。

　　第三章：道德實踐之所以可能的超越根據——良知。此章屬本體論的論域，旨在說明「良知」是陽明思想的中心概念。第一節先從陽明遮撥朱子析心、理為二之非，逼顯「心即理」之義，以明意志之自律。其次於第二節關聯著孟子四端之心，探討陽明良知概念之形成，指出以「知」為本體乃陽明創發性之見解。第三節則是對良知概念詳加分析。先分別從「體」上說明良知之先天性、常存性，良知之明覺與智的直覺之作用，再承體起用地言良知之主觀性、客觀性與絕對性。闡明良知是道德實踐之所以可能的超越根據，亦是一切存在之存有論根據。如是，良知開道德界亦開存在界。總持地說，良知是「即存有即活動」之創造真機。

　　第四章：如何成聖之實踐工夫 —— 致良知。此章屬工夫論的探討，旨在說明「致良知」是陽明工夫論之結穴。第一節天理與人欲，以此建立道德生活中善惡之二元性，因而開對治之門，呈顯德性實踐之必要性與嚴肅性。第二節從「知行合一」到「致良知」，除說明陽明各期的工夫教法外，主要集中於知行合一之確解與致良知本義之探究。第三節憑藉《大學》而言「致良知」教，首先關聯著《大學》之格、致、誠、正，將心、意、知、物諸概念作超越的區分。進而綜括為四句教法而展開正心、誠意、致知、格物之工夫次第，並指出致良知工夫有其一貫性，顯示出道德實踐之完備性與統一性。第四節成聖工夫之化境，說明「四無」乃致良知之調適上遂所至之化境。

　　第五章結論。綜括全文之要旨，並指出陽明「內聖之學」乃顯教中之又為顯教；於儒家內聖之學發展脈動中，有其獨特之地位與不朽之價值。

目次

緒　言

一、研究之動機

內聖之學亦曰成德之教，成德的最高境界即是成聖；而其眞實意義則在於個人有限的生命發展中，取得一無限而圓滿的意義，此乃屬於人類終極關懷（ultimate concern）的問題。先秦儒家與宋、明諸儒對此問題的關注與所作的貢獻，有其永恆的價值與意義。

宋、明兩代爲儒學發皇之時代，而綜觀宋、明諸儒中，最能彰顯儒學精義的儒者，當屬王陽明。王陽明（名守仁，1472～1529）之學問與功業雙彰，而講學不倦，立教善巧。垂訓所在，句句警策；作聖之功，明白曉暢，眞能豁顯儒家成德之教的本懷。爲此，筆者不揣譾陋，以「陽明『內聖之學』研究」爲題，撰此論文。願先恰當地理解陽明思想，庶幾於儒家聖教堂奧，得其門而入，以見宗廟之美，百官之富。

二、研究之範圍、態度與方法

陽明思想之研究，不論國內或日、韓、歐、美，莫不蔚然成風，成績斐然。而諸研究所涉及之範圍極廣，舉凡陽明本人思想之諸面相，陽明後學諸學派之異同及發展，以及陽明思想對後世之影響與評估，皆羅列其中。然限於篇幅，本文只集中於儒家「內聖之學」核心所在，即本體與工夫兩方面，詳加探討陽明思想之義蘊。外此論點之問題，願俟諸他日。

其次，對於原典作客觀地理解，乃筆者所秉持的首要研究態度。因中國

先哲之文獻，不似西方哲學以問題爲核心而開展，往往不具嚴格的邏輯性與架構性，故讀通原典，理解文獻，成爲治中國哲學之首要難關。有鑒於此，本文之研究方法，乃採取理解文獻之途徑，走平實之路以入門。首先熟讀原典，詳審文句之實義，理會全文之脈絡，以形成恰當之概念。由恰當之概念，再分辨其所屬問題之層面，進而詮釋疏通、聯結建構，以成義理系統。爲此，本文於寫作方式上，全面以呈現陽明內聖之學的體用爲歸的，而以體貼原典之文句脈絡爲入路。對於《傳習錄》、《陽明全書》等主要文獻，儘量不作割裂與斷章取義的徵引，期能憑藉原典的文句血脈，契會陽明義理之本旨。

在研讀寫作過程中，牟宗三先生《心體與性體》三大巨著與《從陸象山到劉蕺山》、《王陽明致良知教》諸著作，以及平日課中、課餘之指點，實乃筆者汲取義理之泉源。其他師友之講習切磋，於茲篇之作成，亦啓發良多。而西哲康德（Immanuel Kant,1724-1804）《道德底形上學之基本原則》（*Fundamental Principles of the Metaphysic of Morals*）、《實踐理性底批判》（*The Critique of Practical Reason*），在道德本性的理解與分析上，給予我許多啓發。唯筆者用功日淺，理解恐有未盡恰當處，如有疏失，實歸咎於我的理解力不足，尚祈師友前輩，明以教我。

第一章　陽明思想之中心課題——人人皆可成聖

　　「成聖」是儒者道德實踐所嚮往的最高境界。溯源先秦儒家，儘管孟、荀的人性論觀點不同，卻都主張「人皆可以為堯舜」、[註1]「塗之人可以為禹」。[註2]下洎宋明儒，即使心性論的立場有別，程朱、陸王亦皆願「人人皆可成聖」。因此，就儒家思想而言，「人人皆可成聖」幾乎成為絕對預設。[註3]而進一步如何證成「人人皆可成聖」，便成為儒家「內聖之學」所討論的重點。此一問題的開展，即是：道德實踐之所以可能的超越根據為何？道德實踐有無必然性？故宋明儒孜孜講習者在此，陽明殫思力踐所欲講明者亦在此。以下茲分兩方面彰顯陽明思想之中心課題在「人人皆可成聖」。

第一節　由陽明之學思歷程看

　　王陽明（名守仁，1472～1529）一生的學思歷程，是伴著生命的躍動、摸索、執著，甚或顛沛險阻而加以展開，故其所成就者乃反諸自家生命理會而自證自得的聖人之道。據此，陽明能衝破明初「此亦一述朱，彼亦一述朱」[註4]的僵化學風，超拔於舉業詞章之陋習，而契聖人盡心之學，別開生面而顯精彩。

〔註1〕《孟子》，〈告子篇下〉。
〔註2〕《荀子》，〈性惡篇〉，第23。
〔註3〕陳弱水：《論「成色分兩說」闡釋之流變》（臺北：臺灣學生書局，1986年），頁2。
〔註4〕黃宗羲：《明儒學案》（臺北：華世出版社，1987年），卷10，〈姚江學案〉，頁179。

一、前三變──道德的進路

關於陽明迂迴的學思歷程，其友湛甘泉（名若水，1466～1560）曾有「五溺」〔註5〕之說，其弟子錢緒山（名德洪，1496～1574）亦言「先生之學，凡有三變，其爲教也，亦三變。」〔註6〕而黃梨洲（名宗義，1610～1695）更綜合諸說，而有前三變與後三變的檢別。〔註7〕茲就回歸儒學的前三變而言，陽明嘗自述之，較以上諸說，實更爲懇切而富存在的實感。陽明於〈朱子晚年定論序〉云：

> 守仁蚤歲業舉，溺志辭章之習，既乃稍知從事正學，而苦於眾說之紛撓疲薾，茫無可入。因求諸老釋，欣然有會於心，以爲聖人之學在此矣。然於孔子之教，間相出入，而措之日用，往往闕漏無歸，依違往返，且信且疑。其後謫官龍場，居夷處困，動心忍性之餘，恍若有悟，體驗探求，再更寒暑，證諸六經四子，沛然若決江河而放之海也。然後嘆聖人之道坦如大路，而世之儒者，妄開竇踁，踏荊棘，墮坑塹，究其爲說，反出二氏之下，宜乎世之高明之士，厭此而趨彼也，此豈二氏之罪哉？〔註8〕

透過陽明現身說法，吾人應較能相應地了解陽明學至三變而至於道的原委。細繹陽明之意，從其稍知從事正學而至龍場悟道這段期間，他所探尋的是作聖的入路，這是一個生命進路的抉擇問題──從儒乎？從釋乎？從老乎？但值得吾人注意的是：基本上，成聖是陽明的終極關懷（ultimate concern），他對儒學「聖人之道」的永恆價值之信念從未動搖過，只是陽明似乎已察覺到世儒所尊奉的朱子學不僅已病於支離，且衡諸思想層次，反不若二氏之高明，儒學本身已失其創發性。爲此，在茫無入路的情況下，爲求人生的眞相，陽明不得不求諸佛、老，他始終以志於儒聖之願出入佛、老，觀其自云「欣然有會於心，以爲聖人之學在此矣」便可得見端倪。因此，關於陽明學前三變，應緊扣如何契悟聖人之學來談。

據《年譜》所載，陽明十二歲（成化19年，1483）時即有以「讀書做聖

〔註5〕 王守仁：《陽明全書》（臺北：臺灣中華書局，1970年。四部備要本，中華書局據明謝氏刻本校刊，以下略稱《全書》，不另註明）第4冊，卷37，附錄6，世德紀，〈陽明先生墓誌銘〉（甘泉湛若水撰），頁15b。

〔註6〕 同前書，第1冊，〈刻文錄序說〉，頁6a。

〔註7〕 黃宗羲：《明儒學案》，卷10，〈姚江學案〉，頁181。

〔註8〕 《全書》，第1冊，卷7，〈朱子晚年定論序〉，頁10a～10b。

賢」爲第一等事之穎悟；而就陽明往後一生學思歷程而言，志於聖賢之道實爲其生命不能自已的蘄嚮，一切理想的奔赴盡繫於此。及其十八歲（弘治 2年，1489）時，因謁婁一齋（名諒，1422～1491）而聞宋儒格物之學，並知「聖人必可學而至」，便欣然有會於心，始慕聖學。弱冠之年前後，陽明搜取諸經子史勤讀之，又遍求考亭（朱熹）遺書探研之，遂取庭前之竹格之以致勞思成疾，乃自委聖賢有分，轉就辭章之學，稍後歸餘姚結詩社於龍泉山寺，頗露才華。

廿六歲（弘治 10 年，1497）時，陽明精究於兵法，然至廿七歲（弘治 11年，1498），陽明又自覺辭章藝能不足通至道，再度叩於儒學之門，但對朱子心、理爲二之說終不能洽然無疑，舊疾復發，益自委聖賢有分，轉而出入佛老。

陽明雖有多次與道教接觸之機緣，但其生命從未安頓於彼，故陽明卅一歲（弘治 15 年，1502）時，漸悟仙、釋二氏之非。而在儒學這一面只依循朱子，但又不得其門而入，遂成三面堵截；陽明於此生命無所掛搭之灰滅中，遂思離世遠去。然陽明事親至孝，時時以祖母岑與龍山公在念，因循未決，乃又悟曰：「此念生於孩提，此念可去，是斷滅種性矣。」陽明即由此愛親本性而真契仁心天理，因愛親本是人心生意發端處，仁理皆是從孝弟中漸次呈現出來的。愛親本性若斷，生命根源亦無可尋之路。因此，陽明當下豁醒道德意識於真實的存在感受中，爲生命自悟自闢一入路 —— 道德的進路。

生命的方向既定，然而儒家學問之精髓並未全然滲透陽明的生命，朱子（名熹，號晦菴，1130～1200）格物、心理爲二之疑難仍未釋懷，龍場悟道即是對朱子問題作一存在的回應。陽明卅五歲（正德元年，1506）那年，因抗疏救戴銑（宇寶之，？～1506）等人，爲閹官劉瑾（？～1510）所陷，廷杖四十，旋謫貴州龍場驛。陽明居夷處困，「因念聖人處此，更有何道？」中夜忽悟格物致知之旨 ——「始知聖人之道，吾性自足，向之求理於事者誤也。」十八歲以來心中的懸疑 —— 朱子求理於事事物物，理外於心之惑，終於滌盪盡除。陽明親自體證到 ——「四書五經，不過說這心體」，〔註9〕世儒之外心以求理，佛氏之出離生死苦海，仙家之養生，皆非聖人之學。故由泛濫辭章、出入佛老至龍場悟道，即是黃梨洲所謂的「其學凡三變而始得其門」。此學前

〔註 9〕王守仁：《傳習錄》上：31。凡本論文所引《傳習錄》文，皆以陳榮捷《王陽明傳習錄詳註集評》（臺北：臺灣學生書局，1983 年）爲據，編號亦從此書，不另註明。

三變乃是不同內、不同趨向的異質轉變。〔註 10〕關於陽明此學前三變，我們實可集中於探研朱子、出入佛老，以及龍場悟道三論點討論之：

就陽明兩度探研朱子學而言，其首度受挫已使陽明感到朱子學對「成聖是否有必然性」之問題似有虛歉。因陽明循朱子即物窮理之工夫入路以進，卻無法求得「聖人必可學而至」。然而陽明當時實未肯斷朱子的格物之學與內聖之學不相干，縱使懷疑，也不知其所以然。直到第二次循序致精受挫於朱子之後，陽明方察覺到朱子學根本困難所在——析心與理爲二。換言之，心與理是一是二，與成聖賢有密切的關係。

次就陽明出入佛老而言，誠如其於〈朱子晚年定論序〉中所云，他是抱著「且信且疑」的態度依違於二氏之間，因爲一方面儒家與二氏僅有毫釐之差，然就體道的境界言，或容有欣然會心處。但另一方面，陽明也察覺到二氏之學，與孔子之教間相出入，措之日用，往往闕漏無歸，似非儒家聖人之道。因此無論就陽明出入佛老之動機（求聖人之學）或歷程的發生意義言，對其思想當然無本質上的影響。況且陽明已明白指出，出入佛老乃其所「悔」而非其所「悟」，〔註 11〕此鑑諸《年譜》、《傳習錄》、書信等記錄，均可自明。

如陽明歷險訪地藏洞異人，與論最上乘之理，話題卻歸結到：「周濂溪、程明道是儒家兩個好秀才。」〔註 12〕又如陽明同遊中雖有溺於神仙之學者，但他對其友湯雲谷「飄然有脫屣人間之志」卻表示「未之許也」。〔註 13〕而於〈答人問神仙〉書中，陽明對問者三至而不答，直接表示：「非不欲答也，無可答耳。」而且還說：「吾儒亦自有神仙之道，顏子三十二而卒，至今未亡也。」〔註 14〕至於《傳習錄》中問者論及仙家元氣、元神、元精處，陽明皆借以指點良知。〔註 15〕凡此皆可想見，道教神仙之說，長生之修鍊，實與陽明生命及其所論義理之扞格不知幾重也。陽明自陽明，道教自道教也。

〔註 10〕蔡仁厚：《王陽明哲學》（臺北：三民書局，1974 年），頁5。
〔註 11〕《傳習錄》上：124。
〔註 12〕《年譜》，弘治 14 年辛酉，先生 30 歲。
〔註 13〕《全書》，第 3 冊，卷 22，〈壽湯雲谷序〉，頁8b。鄧元忠引此序，認爲陽明飄然有脫屣人間之志（見其所著《王陽明聖學探討》，頁 26），恐未審文義，觀陽明下文云「予時皆未之許也」明矣。
〔註 14〕同前書，第 3 冊，卷 21，〈答人問神仙〉，頁4b。
〔註 15〕《傳習錄》上：57：「問仙家元氣，元神，元精。先生曰：『只是一件。流行爲氣，凝聚爲精，妙用爲神。』」陳榮捷案語：「陽明此處所言，乃良知也，參看 154 條可見。」

關於陽明與佛氏之關係，《年譜》僅載陽明以愛親本性指點感悟禪僧一事，而《傳習錄》中論及佛氏，則予以批評，嚴辨儒、釋之別。儘管陽明嘗使用「如貓捕鼠」、「斬釘截鐵」、「個個圓成」、「騎驢覓驢」、「剜肉作瘡」等禪宗語錄中用語，亦曾以佛氏「不思善不思惡時認本來面目」及「常惺惺」之語喻指「良知」與「致知之功」。〔註16〕然此皆是陽明教學表達上的方便與借用，至於儒、釋之義理，陽明從未曾顢頇混淆過。

進一步就陽明龍場悟道而言，實與卅一歲時自悟愛親本性不可斷滅一樣，是陽明學聖的兩大基礎。〔註17〕儘管讁官龍場是一現實的逆境機緣，然而陽明所悟者，卻是長期蟄伏於心中對朱子學困難的思索與解答，是陽明志於聖人之道所自然逼顯出來的答案。陽明當時中夜大悟的格物致知之旨，實乃是對朱子學之歧出予以一大扭轉。因朱子學之「心」不是「理」，其所採取的工夫便是格物窮理。但陽明卻透過實際踐履印證聖人生命後，悟出「心」即是「理」，故云：「聖人之道，吾性自足。」因此，學聖的工夫不能求之於外，並自悔：「向之求理於事者，誤也。」換言之，格物致知之功，只在身心上做，此即陽明往後所云：「及在夷中三年，頗見得此意思，乃知天下之物，本無可格，其格物之功，只在身心上做，決然以聖人為人人可到，便自有擔當了。」〔註18〕由此可見，龍場一悟，仁心本體明而入聖工夫定，人人皆可成聖，無復可疑。

如前所述，陽明成學前三變，實隱含一回歸儒學之門的發展歷程，即求諸朱子 —— 出入佛、老 —— 龍場悟道。據此，陽明不僅能深察儒學自家痛癢，更能切中二氏之非，進而能對五百年來聖學發展過程中所未能圓滿解決的問題，予以新的回答。〔註19〕

二、後三變 —— 致良知教的完成與圓熟

較之陽明學前三變，其後三變則是義理上同質的發展與完成。〔註20〕因龍場一悟，證得本心（心體）後，只是道德實踐的基點，至於學聖工夫的臻於純熟，理論系統的終始條理，都需要陽明開創抉發。關於陽明之後三變，《明

〔註16〕《傳習錄》中：〈答陸原靜書〉，162。
〔註17〕鄧元忠：《王陽明聖學探討》（臺北：正中書局，1982年），頁48。
〔註18〕《傳習錄》下：318。
〔註19〕鄧元忠：《王陽明聖學探討》，頁13。
〔註20〕蔡仁厚：《王陽明哲學》，頁12。

儒學案》有云：

> 自此以後〔龍場悟道以後〕，盡去枝葉，一意本原，以默坐澄心為學的。有未發之中，始能有發而皆中節之和。視聽言動，大率以收斂為主，發散是不得已。江右以後，專提致良知三字。默不假坐，心不待澄，不習不慮，出之自有天則。蓋良知即是未發之中，此知之前更無未發；良知即是中節之和，此知之後，更無已發。此知自能收斂，不須更主於收斂；此知自能發散，不須更期於發散。收斂者，感之體，靜而動也。發散者，寂之用，動而靜也。知之真切篤實處即是行，行之明覺精察處即是知，無有二也。居越以後，所操益熟，所得益化。時時知是知非，時時無是無非。開口即得本心，更無假借湊泊。如赤日當空，而萬物畢照，是學成之後，又有此三變也。〔註21〕

按黃梨洲的分法，後三變為：

1. 龍場悟道後，默坐澄心。
2. 江右以後，專提致良知三字。
3. 居越以後，所操益熟，所得益化。

而陽明弟子錢緒山所記則為：

> 居貴陽時，首與學者為知行合一之說。自滁陽後，多教學者靜坐。江右以來，始單提致良知三字，直指本體，令學者言下有悟。是教亦三變也。〔註22〕

二說相較，若以時間而言，錢緒山所言之「知行合一」與「靜坐」，大抵相當於黃梨洲所言的「默坐澄心」時期，而二人所提「致良知」時期，則大致相同。只是錢緒山以「教」三變立場，不以黃梨洲所云之圓熟化境為教法。若再衡諸《傳習錄》三卷所表現的義理，似乎黃氏所云後三變較能顯示陽明生命的層層精進之歷程。〔註23〕而《傳習錄》的論述，大多集中在「良知」、「致良知」上。據此，錢、黃二說與《傳習錄》都顯示出，對於陽明成學後之學思歷程應以「致良知」為討論重點。

〔註21〕 黃宗羲：《明儒學案》，卷10，〈姚江學案〉，頁181。

〔註22〕 《全書》，第1冊，〈刻文錄序說〉，頁6a～6b。

〔註23〕 唐君毅：《中國哲學原論》（原教篇）（香港：新亞研究所印行，1975年），頁447。

陽明自三十七歲龍場悟得心即理後，直至五十歲（正德 16 年，1521）方揭致良知教，由此可見，陽明所點出「良知」二字，不從「知解」而來，乃是透過長期殫思力踐，竭精瘁志後所得的，故不僅具實踐的真切性，更具理論上的完備性。《年譜》於陽明五十歲下繫云：

> 先生自南都以來，凡示學者，皆令存天理去人欲以為本，有問所謂，則令自求之，未嘗指天理為何如也。間語友人曰：近欲發揮此，只覺有一言發不出，津津然如含諸口，莫能相度。久乃曰：近覺得此學更無有他，只是這些子，了此更無餘矣。旁有健羨不已者，則又曰：連這些子亦無放處，今經變後，始有良知之說。

而錢緒山也記載：

> 先生嘗曰：「吾『良知』二字，自龍場已後，便已不出此意，只是點此二字不出。於學者言，費卻多少辭說。今幸見出此意，一語之下，洞見全體，直是痛快，不覺手舞足蹈，學者聞之，亦省却多少尋訪功夫。學者頭腦，至此已是說得十分下落，但恐學者不肯直下承當耳。」又曰：「某於良知之說，從百死千難中得來，非是容易見得到，此本是學者究竟話頭，可惜此體淪埋已久。」〔註24〕

以上二則記載，都指出陽明龍場悟道以後，其心血所灌注處皆在於如何從實踐上、理論上去證悟出道德實踐所以可能之根據 —— 良知，以確立其講學之宗旨。故陽明嘗云：「除却良知，還有什麼說得？」〔註25〕良知即是究竟義！但此番學思歷程亦備嘗艱辛。

陽明龍場悟道後翌年，因鑒於世儒循朱子格物之學而分知行為二截之不當，故倡「知行合一」之說使學者自求本體，使無支離決裂之病。然因從學者缺乏陽明深切存養之工夫，無法把握「知行合一」之旨，紛紛異同，罔知所入，故陽明遂致力於語學者悟入之功。因此，陽明從卅九歲（正德 5 年，1510）廬陵任上至四十五歲（正德 11 年，1516）立事功前，於工夫上採取多種教法，先以開導人心為本，使學者廓清心體使纖翳不留，以識得仁體。復於滁州時，以「高明一路」之法接引學者，其主要方法乃以靜坐直求領悟心體。此法雖能暫窺光景，收一時之效，但不久已漸有學者喜靜厭動，流入空虛而為脫落新奇之論。故陽明於四十三歲（正德 9 年，1514）陞南京鴻臚寺

〔註24〕《全書》，第 1 冊，〈刻文錄序說〉，頁7a。
〔註25〕《全書》，第 1 冊，卷 6，〈寄鄒謙之〉三（丙戌），頁3b。

卿時，已悔靜坐之法，只教學者存天理去人欲，爲省察克治實功。綜此乃黃梨洲所謂「默坐澄心」之階段。但陽明也承認，自南都以來，雖示學者以存天理去人欲，但初未嘗指天理爲何也，此必待「良知」而後明。

　　另一方面，除工夫的摸索外，陽明也開始著重學術上對聖人之學的討論，一步步將其所悟之理建構起來，如四十歲（正德 6 年，1511）時論晦菴、象山之學，四十一歲（正德 7 年，1512）與徐愛（字曰仁，1488～1518）討論《大學》宗旨，顯然已逼進朱子論《大學》之義理核心，如陽明已言：「『格物』如孟子『大人格君心』之『格』，是去其心之不正，以全其本體之正。」〔註26〕又云：「知是心之本體，心自然會知〔……〕此便是良知。」〔註27〕儘管此時陽明已有「知是心之本體」的獨創性見解，但他或因覺義理尙未圓熟，故未以爲宗旨。而四十三歲於南京時，陽明又提出「誠」是心之本體，講學著重在誠意和格物致知的關係上。嗣後，自四十五歲至五十歲這段時間，是陽明學問與事業之鼎盛時期，就事功而言，陽明受尙書王瓊之薦而有所施展，於四十六到四十七歲（正德 12～13 年，1517～1518）時平漳南、橫水、桶崗、大帽、浰頭諸寇；四十八歲（正德 14 年，1519）時更立大功，弭平宸濠叛變，然卻惹來大臣的忌功謗讒及太監張忠、許泰的蓄意加害，陽明處此險境，道出：「破山中賊易，破心中賊難。」但就學問而言，陽明倥傯之際，講學更力，而講學重點已著重在「致知」一詞上，而從其四十八歲（正德 14 年，1519）作〈大學古本序〉及門人刻《朱子晚年定論》看來，陽明已能自立理論系統，擺脫朱子思想的枷鎖。因此，經過宸濠忠泰之變後，陽明益信良知足以忘患難出生死，又加上自身思想的發展上趨於完備，陽明方於五十歲時正式揭示致良知教。陽明自述：「某於此良知之說，從百死千難中得來。」這是眞實的存在感受。其後，陽明倡良知教愈力，其本身亦能達圓熟化境，觀其臨終微哂所言：「此心光明，亦復何言？」實已臻至聖人之境界。

三、小　結

　　綜觀陽明的學思歷程，實以證成「人人皆可成聖」而發展。就入儒學之門，若不以道德的進路，則無法契入聖人之學。而就「良知」言，乃古今人人眞面目，是道德實踐之所以可能的超越根據。良知本體不立，則工夫無下

〔註26〕《傳習錄》上：7。
〔註27〕《傳習錄》上：8。

手處。至於「致良知」，則是聖賢凡愚徹上徹下的教法。因此「良知」是究竟義，「致良知」是工夫的歸結。黃梨洲《明儒學案》云：「自姚江點出『良知人人現在，一反觀而自得』，使人有個作聖之路。故無姚江，則古來之學脉絕矣。」誠哉斯言也！

第二節　由宋儒所留下之問題看

由陽明多舛的學思歷程可以看出：超凡入聖是陽明的終極關懷，而陽明對此問題的思考，則是針對朱子而發。眾所周知，朱子爲理學大家，其思想與北宋諸儒有密切關係。因此，對於陽明思想之中心課題「人人皆可成聖」的證成，決不能孤立地看，而應置於宋儒思想發展的脈絡中，觀瀾索源。本節即欲探討宋儒如何說明道德實踐所以可能的超越根據，及其與成聖有無必然性之關係。以此思索：是否有未能解決的問題，留待陽明回答？

一、宋明儒學分系標準之確立

宋明儒學作爲一整體哲學運動言，其基本目的即是要求歸向先秦儒學之本來方向；〔註28〕而其講學之重點唯落在道德的本心與道德創造之性能（道德實踐之所以可能之先天根據）上。〔註29〕故宋明儒大都以先秦儒家《論語》、《孟子》、《中庸》、《易傳》與《大學》爲立論之據，抉發其中之重要思想觀念，進而將儒家「內聖之學」推至其極，所謂：「上自帝王傳心之奧，下至初學入德之門，融會貫通，無復餘蘊。」〔註30〕

然而欲清楚看出宋儒內部理論問題，實須先確立宋明儒分系之標準。傳統上對於宋明儒的了解，多區分爲「理學」和「心學」，前者以朱子上承北宋諸子（周、張、二程）之思想，爲理學之集大成者，主張「性即理」；後者以陸象山、王陽明之「心即理」爲代表。但此二分法卻不能盡宋明儒學義理發展之全貌，因此二主張並未構成截然的分野。程、朱言「理」，未嘗不言「心」；陸、王言心，亦未嘗忽略「理」。因此，此理學、心學之分，難以檢別何者相應於先秦孔孟原旨。

〔註28〕勞思光：《中國哲學史》，第 3 卷上（香港：友聯出版社，1980 年），頁51。
〔註29〕牟宗三：《心體與性體》，第 1 冊（臺北：正中書局，1984 年），頁4。
〔註30〕托克托等撰：《宋史》（臺北：鼎文書局，1978 年），卷 427，〈道學傳序〉，頁12710。

　　爲此，近人牟宗三先生及勞思光先生，均異於傳統二分法，各提出其分判宋明儒諸家思想之標準，有助於吾人對宋明儒理論層次與核心問題作較深入的理解。

　　但欲討論二人對宋明儒分系之標準前，實應對先秦儒學與宋明儒學二者之義理發展有所了解。就先秦儒學之義理發展而言，孔孟立教首先挺立道德的主體性；故《論語》指點「仁」，《孟子》言「性善」，皆著重主觀面的心性問題。而此道德的進路乃決定內聖之學、成德之教的方向。但另一方孔子由「踐仁知天」之遙契天道，〔註31〕孟子之「盡心知性知天」，已將存有（天道爲超越的存有，性爲客觀的存有）攝於道德主體活動（心）而言，據此，已隱涵一「道德的形上學」。〔註32〕因此，《中庸》、《易傳》便在孔孟心性基礎上，以誠體與乾元、坤元，進一步言天道性命，儒家「道德的形上學」因而建立。此「道德的形上學」是以「道德」爲中心，對天地萬物的存在有所說明。亦即透過道德的進路、道德實踐，證成形上學。換言之，先秦儒家是以價值（價值之源在道德）來說明存有，即對於天地萬物的存在作價值的解釋。總之，先秦儒家之義理發展，是由《論》、《孟》而至《中庸》、《易傳》，一根而發，完成儒家「道德的形上學」（moral metaphysics）。

　　然而宋明儒學義理之發展，是從《中庸》、《易傳》而步步歸向孔、孟心性論發展，試將二者義理發展方向繪圖如下：

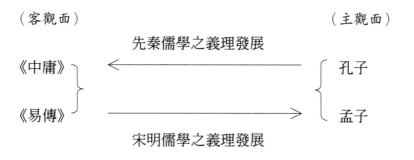

由此可見，先秦儒學與宋明儒學只是義理發展方向有別，二者所言義理內容是相應的。

　　明白先秦儒學與宋明儒學發展方向之別，我們可討論勞思光先生所提出

〔註31〕牟宗三：《中國哲學的特質》（臺北：臺灣學生書局，1987 年），頁33。
〔註32〕牟宗三：《中國哲學十九講》（臺北：臺灣學生書局，1983 年），頁76。

的「一系三型說」。所謂「一系三型」說，是將宋明儒學視爲一朝向孔、孟心性論發展的哲學系統。在此發展中，透過歷史標準與哲學標準有三種型態：一是周濂溪（名敦頤，1017～1073）、張橫渠（名載，1020～1077）的「天道觀」；二是程明道（名顥，1032～1085）、程伊川（名頤，1033～1107）、朱子的「本性觀」；三是陸象山（名九淵，1139～1192）、王陽明的「心性論」。〔註33〕依勞先生之意，前二者以「天道」、「性」爲首出，於解說道德實踐時，均有理論上的困難，故宋明儒學必歸於陸王的「心性論」。就宋明儒學發展必歸向心性論言，勞先生確有所見。然而勞先生對宋明儒學之「天道觀」、「本性觀」、「心性論」的理解卻有偏差。因勞先生所謂的「天道觀」、「本性觀」是根據對「價值」作「存有論意義之解釋」（ontological interpretation）而來的，〔註34〕此顯然有違先秦儒家對「存有」作「價值」的解釋之原旨，亦非宋儒論天道、性體之本義（天道性命相貫通）。故勞先生此一標準的顛倒，自會產生「天道觀」、「本性觀」理論上的困難，而周、張、二程之理論將無法正視，並失去獨立之地位，不得不歸於「心性論」。雖然就道德實踐本身而言，「心性論」肯定最高主體性，足以切合道德實踐，不一定要牽涉到天地萬物的存在。但陸、王所謂的「本心」、「良知」亦有其絕對義，有其說明天地萬物存在的面向。對此超越面向勞先生卻避而不論，實有背孔孟、陸王論心性之原旨，而如此的「心性論」實在太孤寒了，亦見勞先生對於先秦儒家的形上智慧欠缺相應的理解。〔註35〕

　　至於牟宗三先生則從宋明儒對道體體會之不同，及所依據之先秦文獻之別，將宋明儒學分爲三系：

```
《論》、《孟》 ┐                          ┌→（二）陸象山──→王陽明
《易》、《庸》 ├ （一）周濂溪、張載 ──→ ┤ 程明道─→胡五峰─→劉蕺山
《大學》 ─────────────────────────→（三）程伊川──→朱子
```

以上（一）、（二）兩系對道體的體會是「即存有即活動」，工夫則重「逆覺體證」；所不同者，（一）是「以心著性」的義理間架，（二）則只是「一心之朗

〔註33〕勞思光：《中國哲學史》，第3卷上，頁51～67。
〔註34〕同前註，頁58。
〔註35〕關於勞思光先生之分法，蔡仁厚先生曾加以評論，見其所著《新儒家的精神方向》（臺北：臺灣學生書局，1982年），頁221～226。

現，一心之申展，一心之遍潤。」至於（三），對道體的體會是「只存有而不活動」，工夫則重「順取之路」。〔註36〕

牟先生是以對形上實體的體悟是「即存有即活動」或「只存有而不活動」來作爲宋明儒分系之標準，此亦即牟先生詮表此期學術之中心觀念。〔註37〕

依先秦儒家之形上智慧，《詩經》之云：「維天之命，於穆不已」，〔註38〕已將天道視爲形上實體。而對此形上實體，聖人不以智測，而是透過「文王之德之純，純亦不已」之道德實踐來證悟的。於此意義下，天道性命貫通爲一。道體是指能起宇宙生化之形上實體，性體則是能起道德創造之性能，心體則是形而上的道德本心。三者立言分際雖異，其實則一，皆以道德創造爲本質之內容。分解地說，道體、性體爲客觀的「存有」，而就發動道德實踐言，心體則具「活動」義。換言之，「存有」以理言，「活動」以心言。如果對道體、性體的體會是理，同時是心，此謂「即存有即活動」。設若將道體、性體只視爲一超越的所以然之理，而心只是形而下的實然之心，則道體、性體只是理，而不是心，誠、神、寂感之活動義均自道體、性體上脫落。則依此方式所體會的道體即是「只存有而不活動」。此二概念相較下，顯然地，道體之爲「即存有即活動」是相應先秦儒家「於穆不已」的形上智慧。

牟先生此二概念之分判，不僅檢別出宋明儒相應於先秦儒家之原旨的判斷標準，且能指出宋明儒於理論上的毫釐之差，而予以宋明儒各家學說獨立而客觀的地位。但更重要的是，就相應於道德實踐之所以可能的超越根據言，對道體、性、心體作「即存有即活動」的理解，則心、理爲一，仁義內在，使道德實踐有動力，道德理性能眞正挺立，對「成聖」方有眞正的必然性。另一方面，若無法肯認形而上的道德本心，只以「只存有而不活動」來體會道體、性體，則「道體、性體之分際混漫爲一，只是對存在之然而爲其所以然之『存在之理』、定然之理，即是其性，心、神脫落而傍落，性只存有而不活動，其自身無論在人在物是不能起道德創造之用者，是即其道德力量之減殺」。〔註39〕如此一來，對「成聖」而言，無眞正的必然性。

以下，我即依牟先生之分判標準，逼顯陽明之時宋儒所留下之問題爲何？

〔註36〕牟宗三：《心體與性體》，第 1 冊，頁49。
〔註37〕同前註，頁58。
〔註38〕《詩・周頌・維天之命》：「維天之命，於乎不顯，文王之德之純。」
〔註39〕牟宗三：《心體與性體》，第 1 冊，頁85。

二、心、性是否爲一

　　透過對道體的體會是否爲「即存有即活動」或「只存有而不活動」兩概念的分判，即可客觀地理解宋儒諸家理論的毫釐之差。猶有進者，就內聖之學的本質言，此毫釐之差所逼顯的問題是：相應於道德本性而作道德實踐時，此毫釐之差即是「心、性是否爲一」的問題。所謂辨端緒、見不見道，即繫於此。

　　析言之，若依道體是「即存有即活動」言，則道體、性體、心體只是立言分際之不同，三者皆屬同質同層（homogeneous），是形上實體，均以道德創造爲內容。就此而言，心、性是一。而若就道體是「只存有而不活動」言，則道體、性體混漫爲一，屬形上之「理」；心則屬形而下的「氣」之活動。故心、性判爲二，是異質異層（heterogeneous）。復次，對心、性既有不同的理解，則道德實踐之成聖工夫進路便有偌大的不同，此即陽明所謂「然毫釐之差而千里之謬」，〔註40〕不可不辨也。

　　大抵宋明儒對心、性是否爲一的思考，相應於宋明儒學之三系，則有三種不同型態的義理展示方式。但「心、性是否爲一」眞正成爲一問題，則是以朱子爲中心而展開的，如朱子之於胡五峰（名宏，1105～1161）的八端《知言疑義》，朱子與陸象山之爭辯，其核心問題均在心性的了解上見分曉。故唯有照察宋儒對此問題的探討，才能深切明白陽明思想之中心課題。

　　就北宋儒學言，自周濂溪、張橫渠至程明道，是由《中庸》、《易傳》而回歸《論》、《孟》的義理發展，是宋儒的大宗。而程伊川之著重《大學》，則爲另一型態。茲就前者言，濂溪以《中庸》之誠合釋乾道，復從寂然不動、感而遂通處把握誠體之神用妙運，極富宇宙論旨趣與形上玄悟，故其說精彩處在於「默契道妙」。而《論》、《孟》之論仁及心性，濂溪尙未能正視之，亦非其學說中之重要概念。

　　至於張橫渠，亦重新消化《易傳》，總持地說「太和所謂道」，分解地言「太虛無形，氣之本體」，〔註41〕復將超越分解之「太虛」結穴於性體，〔註42〕天道性命相貫通之義由此顯焉。故「天所性者通極於道，氣之昏明不足以蔽之。天所命者通極於性，遇之吉凶不足以戕之」〔註43〕即其義理之中心觀念。爲此，

〔註40〕《傳習錄》中，〈答羅整菴少宰書〉，175。
〔註41〕張載：《張載集》（臺北：漢京文化事業有限公司，1983年），《正蒙》，〈太和篇第一〉，頁7。
〔註42〕牟宗三：《心體與性體》，第1冊，頁487。
〔註43〕張載：《張載集》，《正蒙》，〈誠明篇第六〉，頁21。

於工夫上，橫渠透過「心能盡性，人能弘道」來變化氣質之偏，使客觀本體論說的性體能具體呈現，以此而言，心、性爲一。故橫渠之能正視心、性，於工夫論上，已比濂溪推進一步。

繼濂溪、橫渠後，北宋儒學以程明道盛言「一本」爲發展高峰。於本體論上，明道直接就「維天之命，於穆不已」來體會道體，深契先秦儒家形上智慧，故云：「上天之載，無聲無臭，其體則謂之易，其理則謂之道，其用則謂之神，其命于人則謂之性。」〔註44〕於工夫上，進而從「純亦不已」來了解心性，故主張「學者須先識仁」，並以醫家四體不仁來指點仁體之感通無隔、覺潤無方，當下肯認道德實踐之本質關鍵處。準此，明道於客觀天道與主觀之心性兩面皆能充分挺立，並喜作盡性踐形之圓頓化境的展示，一本之義由此彰顯，其言云：「只心便是天，盡之便知性，知性便是知天，當處便認取，更不可外求。」〔註45〕則心、性、天是一。

泊乎南宋，胡五峰首先將北宋濂溪、橫渠、明道之以《中庸》、《易傳》爲首出，而言天道性命相貫通之義加以消化，開出「以心著性」的義理間架，此種開出有其自《中庸》、《易傳》回歸到《論》、《孟》之發展上之必然性與恰當性，〔註46〕爲宋儒對「心、性是否爲一」的另一種思考方式。五峰首先以道德實踐爲中心而「即事以明道」。而後就「道」的內容意義加以分解，先設心、性對揚，客觀地說是性，「性也者，天地所以立也」，是「天地鬼神之奧也」；主觀地說則爲心，「心也者，知天地宰萬物以成性者也」。〔註47〕因此，自本體論言，性是存在之主，爲一自性原則，必待心之形著而使其具體化、眞實化，此即以心著性，盡心成性之義。最後主客觀爲一，心性爲一。據此，落於工夫上，五峰正式言逆覺體證，本孟子「求放心」之意，承明道、謝上蔡（名良佐，1050～1103）而言先識仁體，而後涵養方有所施。然五峰所開出的湖湘學統，卻在朱子依伊川所言之「先涵養後察識」的曲解力闢下，隱而不顯，鮮爲人知。

對於「心、性是否爲一」的另一種思考方式，則是心、性分屬兩行，而

〔註44〕程顥、程頤：《二程集》（臺北：漢京文化事業有限公司，1983 年），上冊，《河南程氏遺書》，卷1，頁4。《宋元學案》列入〈明道學案〉。

〔註45〕同前書，上冊，《河南程氏遺書》，卷2上，頁15。

〔註46〕牟宗三：《心體與性體》，第2冊，頁431。

〔註47〕黃宗羲等：《宋元學案》（臺北：河洛圖書出版社，1975 年），卷42，〈五峰學案〉，頁31、27。

成能所對列的認知型態，此爲伊川、朱子的思路。由於伊川執於一條鞭的直線思考方式，故對道體只作靜態地存有論推斷，而言：「所以陰陽者道也，陰陽氣也。」〔註48〕復對於寂感神用義不能體會，故道體遂失其「於穆不已」的動態直貫創生之義，而性體亦喪失其能起道德創造之性能義，只成爲一「只存有而不活動」之所以然之「理」而已。據此，伊川主張「性即理」，而心之活動義則淪爲形而下之氣。如是，心、性析爲二，對於道德實踐之活動遂拆成心、性、情三分：「陽氣發處卻是情也，心譬如穀種，生之性便是仁也。」依此理解，心成爲實然的心理學之心，失其本心之義。故心之發動而爲情，本身不必如理，而必須透過「涵養須用敬，進學則在致知」〔註49〕的工夫，使其收斂凝聚如理，心知之明得以呈現。如此心與性成爲能知與所知的橫列之二，工夫重點乃落於《大學》之格物致知上。

　　伊川之思路異於濂溪、橫渠與明道，亦遠離孟子即心言性之義，但卻爲朱子所繼承而發揚之。朱子極爲推崇伊川之「性即理」，以爲此語乃「直自孔子後，惟是伊川說得盡」，〔註50〕而自其參究中和問題後，伊川「性即理」與橫渠「心統性情」即成爲朱子思想之綱領，視爲顚撲不破之至理。朱子認爲性爲超越之體，屬形而上之理，情爲心之具體發用，屬形而下之氣，而心則爲統性情者，心、性既是異質的平行爲二，故心不是理，心不是性。而心有情變未發、思慮未萌、知覺不昧之寂然不動時，當此之時，見一性渾然，道義全具，性之體段由此見。於此未發之靜時，施以涵養之功。心亦有情變發用、事物交至、思慮萌焉之已發之動時，於此時須以察識之工夫，使心之所發，無不中節合度，以此見性之粲然明著，方可言心之感而遂通。如此一來，性爲心所知之理，二者是認知的橫攝關係。爲此，朱子於形上學乃有理氣二分之間架，於心性論乃成心性情三分之格局，落於工夫的踐履上則根據伊川「涵養須用敬，進學在致知」而言「靜養動察」，主張先涵養後察識，憑藉《大學》而建立其格物致知的工夫進路。由此可見，在伊川、朱子的思考下，超越的本心之義已失，心只成一實然的認知心，性只是靜態的存在所以然之理，心不是性，心、性析爲二。

　　對於「心、性是否爲一」的另一種思考方式，則是陸象山的「心即理」。象山與朱子同時，其學乃讀《孟子》而自得之，故象山對於《中庸》、《易傳》

〔註48〕《二程集》，上册，《河南程氏遺書》，卷15，伊川先生語一，頁162。
〔註49〕同前書，《河南程氏遺書》，卷18，伊川先生語四，頁188。
〔註50〕朱熹撰，黎靖德編：《朱子語類》（臺北：文津出版社，1986年），卷93，頁2360。

所言之客觀面之天道、性體無甚興趣，而其對心性問題乃是依孟子之思考方式往前進的。就孟子而言，孟子是以心善指點出性善，故本心即是性，心、性是一。象山則直契孟子仁義內在於本心之義，相對於朱子之「性即理」而進一步主張「心即理」，所謂：「蓋心一心也，理一理也，至當歸一，精義無二，此心此理，實不容有二。」〔註51〕內聖之學的端緒處在此，不可不辨。相較之下，朱子析心、性爲二，以格物致知的知識進路做道德實踐工夫，對象山而言，實爲閒議論。而鵝湖之會中之「易簡工夫終久大，支離事業竟浮沈」一語，已指出朱子之道問學與道德實踐之本質不相干，惜乎朱子卻不能正視象山所言本心於道德實踐上之切義，象山之謂朱子不見道，確有所見。然而象山講學歸於樸實，其義理之分解盡預設在孟子，而只強調先立其大、明本心，故對「心即理」只作非分解方式的指點，欲人當下承當此「刀鋸鼎鑊」之學。因此，招致朱子謂其「說話常是兩頭明，中間暗」，而誤想其爲禪，使象山蒙不白之冤，直至陽明肯定「陸氏之學，孟氏之學也」，才恢復象山學說之原旨。

綜觀宋儒對「心、性是否爲一」之思考，雖有三種義理間架，然有宋一代理學，於朱子權威下，胡五峰一系之「以心著性」隱而不顯，象山「心即理」亦未受到正視，〔註52〕如是，就內聖之學之發展言，已是歧出。降至明初學風，朱子學儼然成爲聖學大宗，以爲「自考亭以還，斯道已大明，無煩著述，直須躬行耳。」〔註53〕然而陽明卻在躬行朱子格物之學時，已感心、理析爲二（心、性爲二，即心、理爲二），無法使道德實踐之達到成聖有必然性。換言之，惟有心、性爲一，人人皆可成聖，方有眞實的可能。故由宋儒所留下「心、性是否爲一」的問題看來，陽明思想之中心課題即是人人皆可成聖。

〔註51〕陸九淵：《陸九淵集》（臺北：里仁書局，1981年印行），卷1，〈與曾宅之〉，頁4～5。

〔註52〕《宋史》〈道學傳〉不列陸象山，而象山卻入〈文苑傳〉。

〔註53〕張廷玉等：《明史》（臺北：鼎文書局，1979年），卷282，〈儒林一·薛瑄傳〉，頁7229。

第二章　陽明思想與其先行者之關係

　　關於陽明思想之淵源，論者多以黃梨洲《明儒學案》所言「有明之學，至白沙始入精微〔……〕至陽明而後大」為憑，並參照陽明之學思歷程，加以溯源。或謂陽明之學源於陳白沙（名獻章，1428～1500），〔註 1〕或謂陽明學說直出於婁諒，間接源於程明道、陸象山，〔註 2〕或謂陽明思想是「陽儒陰釋」。〔註 3〕然而論者卻忽略黃梨洲已有「兩先生〔白沙、陽明〕之學最為相近，不知陽明後來從不說起，其故何也？」之疑，〔註 4〕而代表陽明思想之《傳習錄》中，真無一語及於白沙，更遑論婁諒了。至於佛、老思想，更是陽明之所深闢。因此，有關陽明思想之淵源的探究，若從陽明所思考的問題著眼，或較能得其實也。

　　本節探討陽明思想與其先行者之關係，不從時間的發生意義來溯源，而直接就陽明《傳習錄》、文錄中所呈現的基本義理與問題著眼，加以思索。由此得知，就內聖之學的義理思考言，陽明思想與朱子、陸象山、孟子有著密切的關係。其中，朱子對陽明影響甚鉅，不可不加以正視，但卻偏於消極面；而象山與孟子對陽明思想則有積極面的影響。

　　至於筆者探討陽明與此三子之關係時，則分兩方面論述：就主觀面而言，偏於說明陽明與此三子之關係；就客觀面言，則重在分別闡述朱子、陸象山

〔註 1〕　容肇祖：《明代思想史》（臺北：臺灣開明書店，1973 年），頁79。
〔註 2〕　黃公偉：《宋明清理學體系論史》（臺北：幼獅文化事業公司，1971 年），頁352。
〔註 3〕　王船山：《張子正蒙注》（臺北：河洛圖書出版社，1975 年），〈序論〉，頁2。
〔註 4〕　黃宗羲：《明儒學案》（臺北：華世出版社，1987 年），卷 5，〈白沙學案上〉，頁78。

與孟子之義理，而不以陽明為主。特別需要申明的是，關於陽明與此三子之關係，不依時代先後為序而論之，此乃為彰顯：陽明的思想實由朱子轉出，而歸宗於陸象山、孟子。

第一節　陽明與朱子

在學術的歸宗上，陽明雖與象山同屬一系，然而就陽明一生學思的奮鬥歷程，及其致良知教體系的完成而言，則皆與朱子有密切的關係。蓋自元、明以來，朱子的格物之學儼然成為學聖的主要入路，陽明自十七歲聞宋儒格物之學始，遍讀考亭遺書，直至兩次循朱子格物之學受挫而止。雖始終無法洽然於心，然陽明潛心浸潤朱子之學，實可謂久矣、深矣。進一步從陽明龍場悟道後至五十歲致良知教的揭出，其間思想的層層精密轉進，莫不以朱子的「格物致知」為其學術上的主要對話對象。因此，陽明是在朱子思想的薰陶下翻出來一條思路：其心學的起點來自於對朱子格物說的不滿，而其提出問題的方式不僅像朱子，而且針對朱子歧出的問題加以批判，予以深入精微的解答。故從「對反」的關係說，朱學實為王學的一個重要淵源。〔註5〕

實則，從陽明《傳習錄》及文錄書信中論及朱子處，可發現陽明與朱子間有著極微妙關係：文錄書信所顯示的，是陽明對朱子的主觀看法與回護；而《傳習錄》所展現的義理，卻是客觀上從聖學的觀點對朱子加以批駁。此即陽明所言：「蓋不忍牴牾朱子者，其本心也。不得已而與之牴牾者，道固如是，不直則道不見也。」〔註6〕明乎此，吾人可從主觀心境與客觀義理上探討陽明與朱子的關係。

一、陽明對朱子之主觀回護

（一）朱陸異同之平議

首先就陽明對朱子的主觀看法言，主要集中於其對「朱、陸異同」之評述，與其為後人爭議多端的《朱子晚年定論》上。依《年譜》所載，陽明三十七歲時雖然於龍場親自反諸本心而幡然證悟朱子格物之非是，然翌年當席元山問及

〔註5〕劉述先：《朱子哲學思想的發展與完成》（臺北：臺灣學生書局，1982年），頁487～492。
〔註6〕王陽明：《傳習錄》中：〈答羅整菴少宰書〉，176。

朱陸異同之辨時，陽明不語，而只告之以自家所悟。足見陽明對朱子並不輕予
置評，其態度顯然不若象山之激烈。乃至四十歲時，因王輿奄、徐成之爭論朱
陸之學而不決，陽明乃正式論及其對「朱、陸異同」的看法，陽明云：

> 輿庵是象山而謂其專以尊德性爲主。今觀《象山文集》所載，未嘗
> 不教其徒讀書窮理，而自謂理會文字頗與人異者，則其意實欲體之
> 於身。其亟所稱述以誨人者，曰「居處恭，執事敬，與人忠」；曰「克
> 己復禮」；曰「萬物皆備於我，反身而誠，樂莫大焉」；曰「學問之
> 道無他，求其放心而已」；曰「先立乎其大者，而小者不能奪」。是
> 數言者，孔子、孟軻之言也，烏在其爲空虛乎？〔……〕吾兄〔徐
> 成之〕是晦庵，而謂其專以道問學爲事，然晦庵之言，曰「居敬窮
> 理」；曰「非存心無以致知」；曰「君子之心，常存敬畏，雖不見聞，
> 亦不敢忽，所以存天理之本然，而不使離於須臾之頃也」。是其爲言
> 雖未盡瑩，亦何嘗不以尊德性爲事，而又烏在其爲支離者乎？
> 〔……〕世之學者，掛一漏萬，求之愈繁，而失之愈遠。至有敝力
> 終身，苦其難而卒無入，而遂議其支離。不知此乃後世學者之弊，
> 而當時晦庵之自爲，則亦豈是乎？〔註7〕

在此書信中，陽明用心良苦，首先爲象山之學做了極爲允當的解釋，使之歸
於儒學正統。另一方面，陽明也指出一般人以尊德性與道問學將晦庵與象山
之學截然二分，實有所不盡，因尊德性與道問學二者並不是對立衝突的主張。
猶有甚者，陽明更予以朱子同情的理解，他認爲朱子立言雖未盡瑩，然泰山
喬嶽之朱子未嘗不孜孜以尊德性爲念，而朱學之「支離」乃後世儒者之弊，
實非朱子之本意。陽明回護朱子之情於茲顯焉。因此，陽明進一步給予朱子、
象山同等的評價，其言云：

> 僕嘗以爲晦庵之與象山，雖其所爲學者若有不同，而要皆不失爲聖
> 人之徒〔……〕夫晦庵折衷群儒之說，以發明六經、《論》、《孟》
> 之旨於天下，其嘉惠後學之心，眞有不可得而議者。而象山辨義利
> 之分，立大本，求放心，以示後學篤實之道，其功寧可得而盡誣之？
> 〔註8〕

〔註7〕《全書》，第3冊，卷21，〈答徐成之〉二（壬午），頁6a～6b。《年譜》繫此
　　　　書於正德六年辛未，先生四十歲下，茲從《年譜》。
〔註8〕同前註。

陽明認爲朱陸之道問學與尊德性，只是儒學內部論學重點的不同，二者皆有功於聖門。然則，陽明以「發明六經、《論》、《孟》之旨」推崇朱子，若就朱子輯合四書所含有的道統意義，誠嘉惠後學，有其不可抹滅的價值；但就內聖之學內部義理言，朱子之學實以《大學》爲重，〔註9〕於《論》、《孟》之旨未必眞能深契，陽明亦深知之。〔註10〕故若持《春秋》責備賢者之態度言之，陽明對朱子之推許實未能如實如理也。則陽明主觀心態上欲回護朱子於聖學傳統之地位，又一見也。

為此，陽明常戒學者勿有心於朱陸之同異，惟求其是而已，如陽明見朋友觀書，多有摘議晦庵者，則云：

> 是有心求異即不是，吾說與晦庵時有不同者，爲入門下手處有毫釐千里之分，不得不辯。然吾之心與晦庵之心，未嘗異也。若其餘文義解得明當處，如何動得一字！（《傳習錄》上：98）

細繹陽明此持平之論，實道出其衷懷。蓋就弘揚聖學之理想而言，陽明與朱子無異。所不同者乃二者工夫入路的毫釐之差，而影響所及，對內聖之學的理解即有千里之分，陽明不得不辯也。

（二）《朱子晚年定論》

若能理解陽明主觀上對朱子於聖學傳統上的回護，則陽明四十七歲（正德13年，1518）的《朱子晚年定論》之作，或許能有較同情的理解。陽明於〈朱子晚年定論序〉詳申其作意云：

> 其後謫官龍場，居夷處困，動心忍性之餘，恍若有悟〔……〕獨於朱子之說，有相牴牾，恒疚於心，竊疑朱子之賢，而豈其於此尚有未察。及官留都，復取朱子之書而檢求之，然後知其晚歲固已大悟舊說之非。痛悔極艾，至以爲自誑誑人之罪不可勝贖，世之所傳《集註》、《或問》之類，乃其中年未定之說。自咎以爲舊本之談，思改正而未及，而其諸語類之屬，又其門人挾勝心以附己見〔……〕而朱子之心無以自暴於後世乎？予既自幸其說之不繆於朱子，又喜朱子之先得我心之同然，且慨夫世之學者徒守朱子中年未定之說，而不復求其晚歲既悟之論，競相呶呶，以亂正學，不自知其已入於異端。輒採錄而裒集之，私以示夫同志，庶幾無疑於吾說，而聖學之

〔註9〕范壽康：《朱子及其哲學》（臺北：臺灣開明書局，1976年），頁220。
〔註10〕陽明《傳習錄》中批評朱子錯解《論》、《孟》之旨有十四條之多。

明可冀矣。〔註11〕

依此序之文意，顯然可看出陽明對朱子有其頗爲主觀的看法。因此，陽明四十七歲《朱子晚年定論》一出，當時即引起強烈的反彈。程朱學派的名儒羅整菴（名欽順，1465～1547），即於正德15年庚辰夏天（1520年，時陽明49歲，刻《定論》後二年），致書陽明，加以質疑，且駁斥陽明之誤，其言云：

> 又詳《朱子定論》之編〔……〕第不知所謂晚年者，斷以何年爲定〔……〕偶考得何叔京氏卒於淳熙乙未，時朱子年方四十有六，爾後二年，丁酉而《論孟集註》、《或問》始成。今有取於答何書者四通，以爲晚年定論。至於《集註》、《或問》，則以爲中年未定之說，竊恐考之欠詳，而立論太果也。又附取〈答黃直卿〉一書，監本止云此是「向來差談」，別無「定本」二字，今所編刻增此二字，當別有所據，而序中又變「定」字爲「舊」字，卻未詳本字同指否？朱子有〈答呂東萊〉一書，嘗及定本之說，然非指《集註》、《或問》也。凡此愚皆不能無疑〔……〕凡此三十餘條者，不過姑取之以證成高論，而所謂先得我心之所同然者，安知不有毫釐之不同者爲崇於其間，以成牴牾之大隙哉！〔註12〕

羅整菴提出四項明確的證據，嚴厲指出陽明之謬誤：〔註13〕

1. 誤以中年之書爲晚年所繕
2. 以《集註》、《或問》爲中年未定之說
3. 斷章取義，只取其厭繁就約之語與己見符合者
4. 誤解「定本」，且改爲「舊本」

因此，羅整菴斷言陽明「不過姑取之以證成高論」，則所謂《朱子晚年定論》，毫無代表性。故客觀就事論事而言之，陽明對羅整菴之質疑實無法答辯。然而吾人卻可從陽明〈答羅整菴少宰書〉中，窺得陽明實有「不得已」的苦衷，

〔註11〕《全書》，第1冊，卷7，〈朱子晚年定論序〉，頁10a-10b。

〔註12〕羅欽順：《困知記》（明嘉靖間刊本。臺北：中國子學名著集成編印基金會，1978年。），附錄，〈與王陽明書〉（庚辰夏），頁303-307。最先批評《定論》者爲羅欽順，陳榮捷先生誤以爲顧璘，實考之未詳。因羅欽順之與王陽明書寫於庚辰（陽明49歲），而陳榮捷先生誤解此書寫於戊子（1528，陽明57歲），見其所著《王陽明傳習錄詳註集評》，附錄，〈從朱子晚年定論看陽明之于朱子〉，頁439。

〔註13〕陳榮捷：《傳習錄詳註集評》，附錄，〈從朱子晚年定論看陽明之于朱子〉，頁442。

其言云：

> 夫眾方嘻嘻之中，而獨出涕嗟若。舉世恬然以趨，而獨疾首蹙額以
> 爲憂，此其非病狂喪心，殆必誠有大苦隱於其中，而非天下之至仁，
> 其孰能察之〔……〕其爲《朱子晚年定論》，蓋不得已而然。中間年
> 歲，誠有所未考，雖不必盡出於晚年，固多出於晚年者矣。然大意
> 在委曲調停，以明此學爲重。平生於朱子之説，如神明蓍龜，一旦
> 與之背馳，心誠有所未忍，故不得已而爲此（《傳習錄》中：〈答羅
> 整菴少宰書〉，176）

又〈朱子晚年定論序〉之前，錢緒山亦記曰：

> 《定論》刻于南贛。朱子病目，靜久忽悟聖學之淵微，乃大悔中年
> 著述誤己誤人，遍告同志。師聞之，喜己學與晦翁同。手錄一卷，
> 門人刻行之，自是爲朱子論異同者寡矣。師曰：「無意中得此一助。」
> 〔註14〕

今將陽明〈朱子晚年定論序〉、〈答羅整菴少宰書〉及錢緒山之言合觀細審之，
即可發現於主觀心態上，朱子影響陽明甚鉅且深。析言之，就陽明學聖的體
驗言，朱子格物之學對陽明本身龍場悟道影響甚大。雖然陽明屢受挫於前者，
但觀陽明嘗言「僕于晦庵亦有罔極之恩，豈欲操戈而入室者」，即可得知陽明
主觀心態上只自求致力於講明聖學，未嘗有蓄意動搖朱子地位之念存焉。然
而龍場所悟與朱子格物之學二者間的衝突如何調和呢？此乃涉及朱子於儒學
傳統之地位及陽明自家生命的安頓問題，實爲陽明所深切關懷，此或恐是陽
明「委曲調停」之意，故不得已而有《朱子晚年定論》。依此，再觀陽明所云
「予既自幸其説之不繆於朱子，又喜朱子之先得我心之所同然」、「無意中得
此一助」數言，則羅整菴之責陽明「姑取之以證成高論」、「爲崇於其間以成
牴牾之大隙哉」，亦有其中肯處。

　　而另一方面，若將陽明之論朱陸之學與其《朱子晚年定論》合觀之，則
二者關係頗爲密切。因在朱陸異同之辨中，吾人可看出陽明對朱子有「過高」
的推許，而再細繹錢緒山提及《朱子晚年定論》刻行後，「自是爲朱子論異同
者寡矣」之意，則「委曲調停」或亦指儒學內部朱陸之學而言。

　　嗣後，陽明五十四歲（嘉靖4年，1525）時，顧璘（字東橋，1476～1545）
亦以「又取其厭繁就約、涵養本原數説標示學者，指爲晚年定論，此亦恐非」

〔註14〕《全書》，第1冊，卷3，〈附錄朱子晚年定論〉，頁28a。

〔註15〕加以質疑，然陽明並未針對此問題加以回答，只告之以其格物致知之旨，並言：「朱子晚年定論，皆可以不言而喻矣。」由此觀之，陽明直至晚年，仍持其對《朱子晚年定論》之看法，則陽明主觀上回護朱子之深情亦可以不言而喻矣。

　　雖然《朱子晚年定論》學術上的價值不高，但卻是探討陽明與朱子關係的重要線索。因此，從陽明論及朱陸之學，至其《朱子晚年定論》之作，皆顯示出：就主觀心態而言，基於闡明聖學之共同理想，陽明回護朱子之情甚殷。足見朱子之於陽明實是一條不可斷割的臍帶，而陽明許多思考問題之論點，亦因而不自覺的受朱子的影響。

二、陽明於客觀義理上對朱子之抨擊

　　陽明雖在主觀心境上不忍牴牾朱子，然在客觀義理的剖析上，卻抨擊朱子之謬誤，直攻朱子的理論核心。單就《傳習錄》而言，〔註16〕公然論及朱子共有三十八處，〔註17〕其中只有三處涉及陽明對朱子的主觀看法，其餘三十五處皆針對朱子之毫釐之差，一一加以匡正。此類問題又可細分為兩類：一類是以《大學》為討論重點，計二十一處；另一類則是以《四書集註》為主，計十四處。前者涉及朱子格物之學，後者則有關朱子對聖人的體會。由此可知，陽明論學乃因朱子之問題而發，而以義理之線索言，當以格物致知之問題為先。〔註18〕

　　就朱子而言，格物致知為其工夫論之著力點，陽明早年亦曾著實用力於此而致勞思成疾。因此《傳習錄》中之批駁朱子即以格物之學為中心，直斥

〔註15〕《傳習錄》中：〈答顧東橋書〉，135。
〔註16〕包括《傳習錄》與《傳習錄》拾遺。
〔註17〕陽明論及朱子之三十八處：
　　　（1）陽明對朱子的主觀看法，計三處：《傳習錄》上：98、100；《傳習錄》中：176。
　　　（2）以《大學》為討論重點，計二十一處：《傳習錄》上：1、2、3、4、6、30、33、35、129；《傳習錄》中：133、134、135、136、173、175；《傳習錄》下：201、234、317、318、324；《傳習錄》拾遺：5。
　　　（3）以《四書章句集註》（不包括〈大學章句〉）為主，計十四處：《傳習錄》上：10、14、43、74、111、112、127、128；《傳習錄》中：141、224、227、285、286；《傳習錄》拾遺：32。
〔註18〕唐君毅：《中國哲學原論》（原教篇）（香港：新亞研究所印行，1975 年），頁298。

朱子本源之不透。以下先以《大學》問題爲討論重點，摘取數則，先看陽明從那些角度來反對朱子的格物之學，再檢視朱子格物致知論如何形成。據此，便可得知在那些問題的對立上，朱子對陽明的影響。

《傳習錄》論及朱子格物之學云：

1. 朱子所謂格物云者，在「即物而窮其理也」。即物窮理，是就事事物物上求其所謂定理者也。是以吾心而求理於事事物物之中，析心與理而爲二矣。（《傳習錄》中：〈答顧東橋書〉，135）

2. 晦菴謂「人之所以爲學者，心與理而已。心雖主乎一身，而實管乎天下之理。理雖散在萬事，而實不外乎一人之心」，是其一分一合之間，而未免已啓學者心理爲二之弊〔……〕正由不知心即理耳。夫外心以求物理，是以有闇而不達之處，此告子義外之説，孟子所謂不知義也〔……〕此知行之所以二也。」（同上）

3. 蔡希淵問：「文公《大學》新本，先格致而後誠意工夫，似與首章次第相合。若如先生從舊本之説，即誠意反在格致之前。於此尚未釋然。」先生曰：「〔……〕誠意的工夫只是格物致知。若以誠意爲主，去用格物致知的工夫，即工夫始有下落〔……〕如新本先去窮格事物之理，即茫茫蕩蕩，都無著落處。須用添箇敬字，方才牽扯得向身心上來，然終是沒根源！」（《傳習錄》上：129）

由上述徵引，可見陽明對朱子的格物之學，是環繞著「即物窮理」、「析心與理爲二」、「知行爲二」、「格致誠意」等問題來批駁的。此類問題已不僅限於表面上對《大學章句》解釋之異同，更根本的是，顯示出陽明與朱子對道德問題，各有其迥然不同的看法。猶有進者，這些看法決定了自律道德與他律道德兩大系統的判準。以下我們即著眼於朱子的中和新說和格物致知論，探討朱子學之所以爲他律道德是如何形成的。

（一）朱子之中和新說

針對陽明對朱子格物之學所提出的質疑，我們必須進一步探討朱子格物致知論如何形成，及其在道德實踐上的定位。依朱子本身思想模式言，其格物致知論應從其參究中和問題來看。而有關朱子對中和的定論，大抵可從其〈與湘南諸公論中和第一書〉中窺其大旨，朱子書云：

《中庸》未發已發之義，前此認得此心流行之體，又因程子「凡言

心者皆指已發而言」，遂目心為已發、性為未發。然觀程子之書，多
所不合，因復思之，乃知前日之說，非惟心性之名，命之不當，而
日用功夫全無本領，蓋所失者不但文義之間而已。按《文集》、《遺
書》諸說，似皆以思慮未萌，事物未至之時，為喜怒哀樂之未發。
當此之時，即是此心寂然不動之體，而天命之性當體具焉，以其無
過不及、不偏不倚，故謂之中。及其感而遂通天下之故，則喜怒哀
樂之性〔按：「性」當作「情」〕發焉，而心之用可見。以其無不中
節，無所乖戾，故謂之和。此則人心之正，而性情之德然也。然未
發之前不可尋覓，已覺之後不容安排，但平日莊敬涵養之功至，而
無人欲之私以亂之，則其未發也，鏡明水止；而其發也，無不中節
矣。此是日用本領工夫。至於隨事省察，即物推明，亦必以是為本。
而「於已發之際觀之」，則其具於未發之前者，固可默識。故程子之
答蘇季明，反復論辨，極於詳密，而卒之不過以敬為言。又曰：「敬
而無失，即所以中。」又曰：「入道莫如敬，未有致知而不在敬者。」
又曰：「涵養須是敬，進學則在致知。」蓋為此也。向來講論思索，
直以心為已發，而日用工夫亦止以察識端倪為最初下手處。以故闕
却平日涵養一段工夫，使人胸中擾擾，無深潛純一之味，而其發之
言語事為之間，亦常急迫浮露，無復雍容深厚之風。蓋所見一差，
其害乃至於此，不可以不審也。〔註19〕

朱子於此函中，消極地自謂其中和舊說之誤，積極地提出其對中和的問題定論
及工夫入路。透過前者，我們發現朱子中和問題乃承伊川之糾結而來，而朱子
卻未能真切於儒家「靜復以立體」之義。經由後者，我們尋繹出朱子「心統性
情」，心性情三分而理氣二分之思想模式，以及「格物致知」、「即物窮理」工夫
論之所由出。二者合而言之，朱子思想為橫攝的認知系統，屬於他律道德。

　　析言之，朱子認為中和舊說以「心為已發，性為未發」之不當，而影響
所及，則是「日用工夫全無本領」。換言之，中和問題之重要性即在於它決定
著工夫入路。至於此書信末段，朱子更對其中和舊說所言「致察良心之發現
而操存之」之義加以否定。故云：「向來講論思索，直以心為已發，而日用工
夫亦止以察識端倪為最初下手處，以故闕却平日一段工夫〔……〕」據此，

〔註19〕《朱子大全》（臺北：臺灣中華書局，1970年。中華書局四部備要本），卷64，
　　　　頁28b～29a。

我們看出朱子混用良心之發與情變之發而不辨。因就「致察良心之發見」而言，乃道德實踐之本領工夫，此「察」之義是於良心因事而發時顯露端倪，直下體證而肯認之，由此以立體，函一逆覺之工夫，亦是一種靜復之工夫，孟子所謂「反之」也。但朱子於此義不透，故將「心」與「情」視為同質同層，而承伊川「只不發……便中」言心，則心顯然淪為一實然之心，所謂：「心者，氣之精爽。」〔註20〕

另一方面，朱子正式提出中和新說之定見。朱子乃以「心」為主而論「中」與「和」：由「中」字而見性之渾然，由「和」字而見情之中節。而在朱子義理系統中，「性猶太極，心猶陰陽也」，〔註21〕「心兼體用而言，性是心之理，情是心之用」，故云：「性以理言，情乃發用處，心即管攝性情者也。」〔註22〕又說：「性是未動，情是已動，心包得已動、未動。蓋心之未動則為性，已動則為情」，所謂『心統性情』也。〔註23〕據此，朱子認為未動是性、是理、是心之體；已動是情、是氣、是心之用，而連接二者以成道德行為之樞紐則是能知覺之「心」。依此義理間架，即可明瞭朱子中和新說之義。朱子認為「已發」、「未發」乃就喜怒哀樂之「情」言，「中」、「和」則直接關連著「心」來說。當「思慮未萌，事物未至」之靜時（未發時），可見一「寂然不動」之心境，因其無過不及，不偏不倚，故謂之「中」。值得注意的是，朱子於論「中」時已預設其心性相平行而為二之看法。朱子謂在心之寂然不動處，同時呈現一異質的超越之體──性，故曰：「天命之性當體具焉。」若再參以〈答張欽夫〉之所言，此實義乃「方其靜時，事物未至，思慮未萌，而一性渾然，道義全具」，即由「心」之寂然見「性」之渾然。如此則心性平行析為二：心是知覺，性是理，而真正之大本為「性」。至於「和」是指當「喜怒哀樂之情發焉」而動時，心依理（性）發動而為情，而使七情迭用，各有攸主，無不中節，以此見心之所以為用，而言「感而遂通」。

然而「中」與「和」是一綜合命題，由「喜怒哀樂之未發」之「中」，不必然能分析出「發而皆中節」之「和」，故其間需要工夫的踐履。然依朱子對心、性、情的理解，其論「中」、「和」時，已顯出一兩難之問題：合理的「性」

〔註20〕 《朱子語類》（臺北：文津出版社，1986年），卷5，頁85。
〔註21〕 同前註，頁87。
〔註22〕 同前註，頁94。
〔註23〕 同前註，頁93。

是未動，已動的「情」不必合理；既如此，則由心之「寂然不動」不必能達至心之「感而遂通」。因此，爲使二者合一，朱子論及工夫時，必依伊川「涵養須用敬，進學則在致知」的工夫入路。朱子認爲：心靜時、未發之前，心寂然而性渾然，不可尋覓，須加「莊敬涵養」之功；而心動時則須「於已發之際觀之」，施以察識之功。然朱子又謂：「人有是心，而或不仁，則無以著此心之妙。人雖欲仁，而或不敬，則無以致求仁之功。」故心之寂然不動須透過「敬」之工夫才能「感而遂通」。因此，靜養動察，敬貫動靜，在朱子系統中，有其決定性的作用。

因爲心靜時所見之寂然（心）與渾然（性），無可窮索、無可尋覓，只能施以涵養之功，而不能加諸察識之力。爲此，真正工夫著力處則在已發之格物致知、即物窮理上。即由心之清明知覺認知萬物所以然之理，使心收斂凝聚，其所發之情逐步逼近如理合道之境。因此，心爲認知心，性爲本體論的存有之所以然之理，而致察此心之法卻移向致知格物處講，故朱子思想爲靜攝的認知系統，其論道德乃屬於他律道德。

（二）朱子之格物致知

朱子於中和新說成立後，復以古代小學、大學之教育程序講涵養察識，則涵養爲空頭之涵養，而內聖之學的工夫入路便以察識之「格物致知」、「即物窮理」爲主，故朱子特別著重《大學》，謂格物致知爲入德之門，夢覺之關，凡聖之關；猶有進者，在其〈格致補傳〉中，朱子近於泛知主義的格物論，其言云：

> 所謂致知在格物者，言欲致吾之知，在即物而窮其理也。蓋人心之靈莫不有知，而天下之物莫不有理。惟於理有未窮，故其知有不盡也。是以大學始教，必使學者即凡天下之物，莫不因其已知之理而益窮之，以求至乎其極。至於用力之久，而一旦豁然貫通焉，則眾物之表裏精粗無不到，而吾心之全體大用無不明矣。此謂物格，此謂知之至也。

據此，我們可以分析出朱子「格物致知」的含義。朱子認爲：「格物」是窮至事物之理，「致知」則是推極吾心之知識作用，欲其無所不知。〔註24〕而格物、致知是在「人心之靈莫不有知，而天下之物莫不有理」之格範建構下，

〔註24〕朱熹：《大學或問》（四庫全書珍本，臺北：臺灣商務印書館）云：「致，推極也。知猶識也。推極吾之知識，欲其所知無不盡也。格，至也。物，猶事也。窮至事物之理，欲其極處無不到也。」

顯示其工夫論之含義,其要點有三:

一是「格物致知」爲「心知之明」與「在物之理」間的認知攝取關係。依中和新說心性平行之思路言,朱子認爲人心有認知作用,而萬物有其存在的所以然之理,如此心與理爲能所的認知關係:心知是能知,物理爲所知。故於成聖成賢的工夫入路上,依「心、理」析爲「能、所」之義理間架,特重格物窮理,以達知至之境界。因爲心知本自虛明,無所不知,但爲利欲所蔽,故必透過格物窮理之工夫,以窮究事事物物的根源之理,逐步復此心之明,最後達至吾心之全體大用無不明之境界,故物格處即是知至處。合而言之,格物、致知是同一活動之兩面:「致知、格物只是一事〔……〕格物以理言,致知以心言。」〔註25〕

二是「格物致知」之方法在「即物窮理」。依〈補傳〉之意,所謂「即物窮理」乃「即凡天下之物,因其已知之理,以求至乎其極」。而《大學或問》則加以說明:「若其用力之方,則或考之事爲之著,或察之念慮之微,或求之文字之中,或索之講論之際。使於身心性情之德,人倫日用之常,以至天地鬼神之變,鳥獸草木之宜,自其一物之中,莫不有以見其所當然而不容已,與其所以然而不可易者。」由此可見,朱子格物之範圍極爲廣泛,凡眼前所應接的事事物物的「存在之然」皆屬之,將應然的價值世界與實然的自然世界一律平視爲「物」。進一步,朱子對「物」作「莫不有以見其所當然而不容已,與其所以然而不可易者」的存有論之推證。依朱子的解釋:「凡事固有『所當然而不容已』者,然又當求其所以然者何故。其所以然者,理也。理如此,固不可易。又如人見赤子入井,皆有怵惕惻隱之心,此其事『所當然而不容已』者也。然其所以如此者何故,必有箇道理之不可易者。」〔註26〕換言之,「所當然而不容已」者是「然」,「所以然而不可易者」是「所以然」,故由「然」推求其「所以然」即是朱子格物窮理之實義。因此,朱子所窮之理,乃是一超越的形上之理,擔負萬物存在的存在之理、實現之理,〔註27〕依朱子之意,即是「太極」,故云:「大至於陰陽造化,皆是『所當然而不容已』者。所謂太極,則是『所以然而不可易者』。」〔註28〕

〔註25〕《朱子語類》,卷15,頁292。
〔註26〕同前書,卷18,頁414。
〔註27〕牟宗三:《心體與性體》,第1冊(臺北:正中書局,1984年),頁89。
〔註28〕《朱子語類》,卷18,頁415。

　　三是「格物致知」之目的在成就道德，不是知識。因爲朱子格物窮理所得的是超越的所以然之理——太極，而致知之要又在當知「至善」之所在，〔註29〕故朱子格物致知之目的，必以成就道德爲依歸。進言之，唯有在窮究存在之理上，〈補傳〉所云「至於用力之久，一旦豁然貫通焉，則眾物之表裏精粗無不到，而吾心之全體大用無不明矣」方有眞實的意義與作用。析言之，所謂「用力之久，一旦豁然貫通焉」之意，乃是指：「今日而格一物焉，明日又格一物焉，積習既多，然後脫然有貫通處耳」、「自一身之中以至萬物之理，理會得多，自當豁然有箇覺處」，更確切地說：「窮理者，非謂必盡窮天下之理，又非謂止窮得一理便到，但積累多後，自當脫然有悟處。」（《大學或問》）至於豁然有箇覺處如何可能呢？朱子的看法有二：一則「蓋萬物各具一理，而萬理同出一原，此所以可推而無不通也」，二則「人心至靈」此心知之明原則上能認知地攝具眾理，所謂「心雖主乎一身，而其體之虛靈，足以管乎天下之理；理雖散在萬物，而其用之微妙，實不外乎一人之心」（《大學或問》）是也。就前者言，即「理一分殊」之義。而「萬理同出一原」意謂「太極」是宇宙生化的最高原理，所謂「萬物統體一太極也」，此存在之理是「一」而非雜多。然此「存在之理」在對應個別的存在之然而顯現爲多相，亦即此「存在之理」在具體化的過程中因氣質之形限，而有分殊的「理」相，此即是「萬物各具一理」、「一物各具一太極」之義。實則太極是眾理的本原，眾理是太極的殊相，二者本質是一而非二，以此在即物窮理的過程中「可推而無不通也」。換言之，「豁然貫通」即意謂由「分殊」而歸本於「理一」，至此，則「眾物之表裏精粗無不到」，皆爲「太極」所貫徹而貞定。另一方面，朱子認爲人心至靈，其實然秀氣所具的心知之明，可認知存在之然的所以然之理，故當心之認知能「眾物之表裏精粗無不到」時，則「心之全體大用無不明」。至此境界時，吾人之心知因知存在之理而依之，使心氣之一切發動皆可逐漸如理以成德行，以有德性。〔註30〕故格物致知之目的在成就道德，不是知識。

　　瞭解了朱子格物致知論的含義，爲求此工夫論於道德實踐上的定位，尚須加以省察。首先就格物致知爲心知之明與在物之間的認知攝取關係言，心知是能知，物理爲所知，則此已是知識論上的認知活動。而就認知活動來說，

〔註29〕《大學或問》云：「致知之要，當知至善之所在。如父止於慈，子止於孝之類
〔註30〕牟宗三：《心體與性體》，第 1 冊，頁107。

其所把握的是知識上的類概念，是形構之理，〔註31〕據此，可以形成經驗知識，此乃見聞之知。然而朱子格物窮理所窮之理是超越的、形而上的存在之理，因此以認知的方式欲求超越的、形而上的存在之理，無疑是從經驗界跳躍到異質的先驗界，這是朱子理論上的滑轉。次就即物窮理而言，其實義在由存在之「然」推求其超越的「所以然」之存在之理。此時朱子將怵惕惻隱之心與天地鬼神、日月陰陽、草木鳥獸皆一律平置爲實然的「存在之然」，而均以認知的方式推其超越的所以然之理。殊不知應然的怵惕惻隱之心的呈現，並不是即物窮理之問題，而就實然的天地鬼神等物以窮之，可帶出形構之理，而未必是存在之理。顯然地，朱子未細辨應然與實然之差別，反將應然從屬於實然，且易令人誤會存在之理爲形構之理，故朱子之格物窮理乃是泛認知主義的格物論。於此意義下，儘管朱子對存在之然的窮究，有其先後緩急之次第，〔註32〕但從四端之心以至一草一木，卻不因其先後緩急而有異樣工夫。猶有進者，朱子此泛認知主義的格物論對成就道德言，只是一無窮盡，不容間斷之漸磨工夫，並無任何保證磨久了，即眞能豁然有箇覺處，故格物窮理之工夫只能有「心靜理明」的作用。〔註33〕據此，作爲道德實踐標準的太極，只成爲一認知所對的存有概念（存在之理），是一智測觀解中的「存有論的圓滿」概念。因此，朱子以格物窮理之知識進路來談道德，相應於道德本性而言，乃是本質上的不相干，至多只能作爲道德實踐之助緣、輔助條件而已。

既然朱子的工夫論是一泛認知主義的格物論，所成就的是他律道德，則當朱子論及格物致知與誠意之關係時，便有「先知後行」之虞。朱子認爲：「致知者，須是知得盡，尤要親切〔……〕知之者切，然後貫通得誠意底意思。」又云：「知至而后意誠，須是眞知了，方能誠意。知苟未至，雖欲誠意，固不得其門而入矣。」〔註34〕據此，朱子之意，乃是格物致知到知之「盡」、「切」，自然可帶出誠意。如此，則誠意是依附於知至而見、而決定，誠意無獨立性，

〔註31〕同前書，頁89。牟宗三先生説：「此種自然義、描述義，形下義的『所以然之理』，吾人名之曰『形構原則』（principle of formation），即作爲形構原則的理，簡之亦即曰『形構之理』也。」

〔註32〕《大學或問》云：「若不務此而徒欲汎然以觀萬物之理，則吾恐其如大軍之遊騎，出太遠而無所歸也。格物莫若察之於身，其得之尤切。」

〔註33〕牟宗三：《心體與性體》，第 1 冊，頁104。

〔註34〕《朱子語類》，卷 15，頁302。

終成軟點，而不能自實體上作實體地說或挺立地說。然而作為道德行動之源的「意之誠」與「知之者切」為兩回事，朱子卻以心知之明來決定行動之源的意誠，則行動是他律、是勉強，而道德行動力遂為之減弱，〔註35〕難免會有先知後行、知行為二的傾向。

　　總之，透過朱子中和新說、〈格致傳補〉的解析，及格致與誠意之關係的討論，我們方能確切理解朱子義理間架及其格物致知論何以是泛認知主義的格物論，屬他律道德。進而能明瞭陽明抨擊朱子「即物窮理」、「心理為二」、「知行為二」、「格致誠正」之實義。而陽明之言「心即理」、「知行合一」、「致知格物」（致吾心之良知於事事物物，則事事物物皆得其正）、及「工夫到誠意始有著落」，實從對反朱子之論點而來的。就此而言，朱子思想實為陽明哲學發展之一重要淵源與觸媒。

（三）朱子對聖人之體會

　　《傳習錄》中，陽明對朱子的批評，除《大學》問題外，多以《論語集注》為發端，就朱子對聖人的體會上，陽明提出質疑而加以討論，茲舉三例明之：

> 1. 夫聖人之所以為聖者，以其生而知之也。而釋《論語》者曰：「生而知之者，義理耳。若夫禮樂名物、古今事變，亦必待學而後有以驗其行事之實。」夫禮樂名物之類，果有關於作聖之功也，而聖人亦必待學而後能知焉，則是聖人亦不可以謂之生知矣。謂聖人為生知者，專指義理而言，而不以禮樂名物之類，則是禮樂名物之類，無關作聖之功矣。聖人之所以謂之生知者，專指義理，而不以禮樂名物之類，則是學而知之者，亦惟當學此義理而已。困而知之者，亦惟當困知此義理而已。今之學者之學聖人，於聖人之所能知者，未能學而知之，而顧汲汲焉求聖人之所不能知者以為學。無乃失其希聖之方歟？（《傳習錄》中：〈答顧東橋書〉，141）

> 2. 聖人無所不知，只是知箇天理。無所不能，只是能箇天理〔……〕天下事物，如名物、度數、草木、鳥獸之類，不勝其煩。聖人須是本體明了，亦何緣能盡知得？但不必知的，聖人自不消求知。其所當知的，聖人自能問人。如子入太廟每事問之類。先儒謂雖

〔註35〕牟宗三：《心體與性體》，第3冊，頁399～402。

知亦問，敬謹之至。此說不可通。聖人於禮樂名物不必盡知，然他知得一箇天理，便自有許多節文度數出來。不知能問，亦即是天理節文所在。(《傳習錄》下：227)

3. 問：「孟子巧力聖智之說，朱子云：『三子力有餘而巧不足』，何如？」先生曰：「三子固有力，亦有巧，巧、力實非兩事。巧亦只在用力處。力而不巧，亦是徒力。三子譬如射，一能步箭，一能馬箭，一能遠箭。他射得到，俱謂之力。中處，俱可謂之巧。但步不能馬，馬不能遠，各有所長，便是才力分限有不同處。孔子則三者皆長。然孔子之和，只到得柳下惠而極，清只到得伯夷而極，任只到得伊尹而極，何曾加得些子？若謂三子力有餘而巧不足，則其力反過孔子了？巧力只是發明聖知之義，若識得聖知本體是何物，便自然了。」(《傳習錄》下：286)

據此三例，陽明顯然有意藉遮撥朱子之重視聖人之才力知能，來彰顯陽明本人對聖人之所以為聖的看法。至於陽明對朱子之質疑，是否貼切《論》、《孟》或朱注原意，則非陽明討論之重點。〔註36〕因此，我們可越過朱子與陽明對《論》、《孟》字義解說之差異，將討論的重點移向二人對聖人體會之不同來探討。

就朱子而言，固然肯定人皆可以為聖，但由於其論成德工夫，須從格物致知說起，故容易牽扯上知識才能之問題。〔註37〕因此，朱子嘗自聖人全體生命即是天理論聖人云：「聖人便是一片赤骨立底天理，光明照耀，更無蔽障。」〔註38〕此說法陽明也不能反對。但朱子另一方面又喜言聖人無所不學、無所不知、無所不能、那箇事理會不得，此則為陽明所不滿。如例1，是朱子解「子曰：我非生而知之者，好古敏以求之者也」(〈述而篇〉)時所引之尹焞語，朱子之意：「聖人於義理，合下便恁地，『固天縱之將聖，又多能也。』敏求，則多能之事耳。」〔註39〕故朱子強調：「若夫禮樂名物、古今事變，亦必待學而後有以驗其實也。」且如例2，「雖知亦問，謹之至也」是朱子解子入太廟章(〈八佾篇〉)之注語，朱子雖強調聖人之為敬莫大於此，但亦認為：「雖是有司之事，孔子亦須理會」、「知底更審問，方見聖人不自

〔註36〕陽明解釋孟子巧力聖智之說，不一定符合孟子原義。
〔註37〕陳弱水：《論「成色分兩說」闡釋之流變》(臺北：臺灣學生書局，1986年)，頁15。
〔註38〕《朱子語類》，卷119，頁2868～2869。
〔註39〕同前書，卷34，頁891。

足處」。〔註40〕又如例3,「三子力有餘而巧不足」是朱子對孟子謂「孔子爲集大成」之解說,朱子一方面強調孔子聖、智兼備,一方面強調三子之所以偏,「由其蔽於始,是以缺於終」,孔子之所以全,「由其知之至,是以行之盡」,〔註41〕故對此章,朱子認爲:「以緩急論,則智居先;若把輕重論,則聖爲重」。〔註42〕由此可知,朱子雖意謂:「聖主於德,固不在多能,然聖人未有不多能者」,然朱子實從聖人的已成體段來體會聖人,此可從朱子之解《論語》「太宰問於子貢」章(〈子罕篇〉)之看法得知,《朱子語類》如此記載:

> 先生曰:「太宰云:『夫子聖者歟!何其多能也?』是以多能爲聖也。子貢對以夫子:『固天縱之將聖,又多能也。』是以多能爲聖人餘事也。子曰:『吾少也賤,故多能鄙事,君子多乎哉?不多也。』是以爲聖不在多能也。三者之說不同,諸君且道誰說得聖人地位者?」諸生多主夫子之言。先生曰:「太宰以多能爲聖,固不是。若要形容聖人地位,則子貢之言爲盡。」

又記載:

> 問:「太宰初以多能爲夫子之聖,子貢所答方正說得聖人體段。夫子聞之數語,卻是謙辭,及有多能非所以率人之意。」曰:「固是子貢說得聖人本分底。聖人所說乃謙辭。」

朱子也認爲:

> 聖人賢於堯舜處,卻在於收拾累代聖人之典章、禮樂、制度、義理、以垂於世〔……〕聖人事事從手頭更歷過來,所以都曉得。而今人事事都不會,最急者是禮樂,樂固不識了,只是日用常行吉凶之禮,也都不曾講得!〔註43〕

從上述朱子與門人對「太宰問於子貢」章的討論中,朱子以「若要形容聖人地位,則子貢之言爲盡」,足見朱子是從果地上聖人的體段(即聖人的性格、樣子)來體會聖人。復以其對格物致知工夫之重視,故朱子論及聖人多強調其無所不知、無所不能之傾向:

〔註40〕同前書,卷25,頁623。
〔註41〕朱熹:《四書章句集註》(臺北:鵝湖出版社,1984 年),頁316。
〔註42〕《朱子語類》,卷 58,頁1369。
〔註43〕以上三條記載,見前書,卷 36,頁958〜959。

> 聖賢無所不通，無所不能，那箇事理會不得？如《中庸》「天下國家
> 有九經」，便要理會許多物事；如武王訪箕子陳洪範，自身之視、聽、
> 言、貌、思，極至於天人之際，以人事則有八政，以天時則有五紀，
> 稽之於卜筮，驗之於庶徵，無所不備〔……〕又如律曆、刑法、天
> 文、地理、軍旅、官職之類，都要理會。雖未能洞究其精微，然也
> 要識箇規模大概，道理方浹洽通透，若只守箇些子捉定在那裏，把
> 許多都做閒事，便都無事了。〔註44〕

據此，朱子之教學者希聖，似當學聖人之無所不知、無所不能，而不從心之純一於天理來體會聖人。如此一來，「多知多能」儼然在朱子成德之教中有極重要的意義。但就先秦孔孟內聖之學的弘規言「人人皆可爲堯舜」之實義，是以能體現此聖凡同然之本心爲體會聖人之第一義，故朱子偏於以博學多知能爲貴之觀點論聖人，相應於道德實踐言，已落於第二義，實爲成德之教上方向的偏離。

　　爲此，陽明批駁朱子以多知多能體會聖人之不當。實則陽明是從心之純一於天理，來體會聖人的，故學者學聖人，當知聖人之所以爲聖爲何？因爲才力人人各異，惟有「良知」乃是聖凡皆同然之本體，故應反求諸良知來體會聖人。陽明認爲：聖人之所以爲聖，以其生而知之也；而眾人亦是生知，蓋人人皆有良知也。〔註45〕聖愚之別，在於能否致良知決定，〔註46〕凡人成聖，端視其能否致良知，此即「學而知之者，亦惟當學此義理耳」之義。進一步，陽明指出聖人無所不知，只是知箇天理。無所不能，皆是能箇天理。換言之，良知之無所不知，無所不能，乃是言本心之於道德的理能昭然明白；於德性上，其當知者皆已知，當行者皆已行；不是一般知識技能之無所不知，無所不能之義。〔註47〕顯然地，陽明將朱子的「聖人無所不知，無所不能」加以定位，區別良知天理與知識才能的不同。猶有進者，陽明以聖人之所以爲聖，只在其知天理、能天理，不在經驗知識之多寡，〔註48〕而禮樂名物之類之多知多能，實無關作聖之功，故聖人於天下事物不必盡知，其所當知者，聖人自能問人。因此論及孔子之集大成，陽明強調巧力只是發明聖知之義，

〔註44〕同前書，卷117，頁2830～2831。
〔註45〕《傳習錄》中：〈答顧東橋書〉，141。
〔註46〕《傳習錄》中：〈答顧東橋書〉，139。
〔註47〕唐君毅：《中國哲學原論》（原教篇），頁225。
〔註48〕牟宗三：《王陽明致良知教》（臺北：中央文物供應社，1982年），頁46。

須識聖知本體（良知）方能識得聖人。職是之故，陽明斬釘截鐵地拋開知識才能的牽扯，直就「所以爲聖者，在純乎天理，而不在才力也」論聖人，「故雖凡人而肯爲學，使此心純乎天理，則亦可爲聖人。猶一兩之金，比之萬鎰，分兩雖懸絕，而其到足色處，可以無愧。故曰：『人皆可以爲堯舜』者以此。」〔註49〕由此可見，陽明有名的「成色分兩說」之洞見，即在遮撥朱子於知識才能上求聖人無所不知、無所不能下，凸顯其義理的精彩，進而對希聖問題提出一突破性的見解。朱子對陽明思想之影響，再度浮現。

　　經由陽明對朱子主觀心境上的推崇，及客觀義理上的辨明，我們發現陽明與朱子關係密切，尤其陽明思想演進中的諸多創發，皆經由「對反」朱子之思想而來。因此，在陽明對內聖之學的探討上，朱子實居舉足輕重之地位。我們可以說朱子爲陽明出了題目，文章卻是陽明自己作的了。

第二節　陽明與陸象山

　　陽明之學實由朱子之問題而觸發，而其理論規模亦藉由反對朱子思想而益顯。但就客觀義理系統而言，陽明思想卻近於象山，二人異代而同調，其學術宗旨大體相同。故象山思想爲陽明思想之重要淵源，而後世每以「陸、王」並稱，其來有自。

　　本節即從兩方面來探討陽明思想與象山之關係：一是陽明對象山之論評，一是陸、王學術宗旨相同。前者指出陽明對象山思想的確解與誤解，後者則著重闡明象山「心即理」的義蘊。如是，陸、王之異同及陽明思想之象山淵源，亦可得知。

一、陽明對象山之論評

（一）陽明恢復象山道統之地位

　　朱子與象山本同時講學，而朱子於象山之生前死後，力攻象山之學爲禪。而朱子學取得權威地位後，象山學遂成忌諱；由是陸學久抑未彰，且蒙不白之冤。陽明於此深有感慨，故其〈答徐成之〉書中，論及朱陸之學時，爲象山辨冤的意味濃，貶抑朱子的意味淡。〔註50〕陽明云：

〔註49〕《傳習錄》上：99。
〔註50〕劉述先：《朱子哲學思想的發展與完成》，頁569。

今晦庵之學，天下之人，童而習之，既已入人之深，有不容於論辯者。而獨惟象山之學，則以其嘗與晦庵之有言而遂藩籬之。使若由、賜之殊科焉則可矣，而遂擯放廢斥，若碔砆之與美玉，則豈不過甚矣乎。〔……〕故僕嘗欲冒天下之譏，以爲象山一暴其說，雖以此得罪，無恨。〔……〕晦庵之學，既已若日星之章明於天下，而象山獨蒙無實之誣，于今且四百年，莫有爲之一洗者。〔……〕此僕之至情，終亦必爲兄一吐者。〔註51〕

陽明指出，學者由於象山嘗與朱子有所爭辯，遂以此擯棄廢斥陸學，乃是一主觀情緒的偏執。而誤會陸學爲禪，更是無實之誣，象山之學應與朱子學一樣，有其重要地位。故陽明乃爲象山一洗四百年之誣名。嗣後，陽明登錄陸象山子孫，具體的作法是：「牌行撫州府金谿縣官吏，將陸氏嫡派子孫，仿各處聖賢子孫事例，有俊秀弟子，具名提學道受學肄業。」使象山後代沾襃崇之澤。〔註52〕

　　陽明如何爲象山辨誣呢？首先陽明指出象山之學爲孔、孟正傳，還其學術精神之實。因象山所言「克己復禮」、「萬物皆備於我，反身而誠，樂莫大焉」、「先立乎其大」，皆「孔子孟軻之言也」，何空虛之有？而對於象山易簡覺悟之說與釋氏之別，陽明也加以澄清：

然易簡之說，出於〈繫辭〉。覺悟之說，雖有同於釋氏，然釋氏之說，亦自有同於吾儒，而不害其爲異者，惟在於幾微毫忽之間而已。〔註53〕

由此可見，陽明對於象山學術精神，確有所見，且本孔、孟精神，盡釋象山所蒙之誣。使象山地下有知，陽明之言，諒必爲象山所首肯。

　　其次，陽明將象山列於道統之位，明其爲聖人之學。此意於〈象山文集序〉中，流露無遺，其言云：

聖人之學，心學也。堯舜禹之相授曰：「人心惟危，道心惟微，惟精惟一，允執厥中。」此心學之源也。中也者，道心之謂也，道心精一之謂仁，所謂中也。孔、孟之學，惟務求仁，蓋精一之傳也〔……〕迨於孟氏之時，墨氏之言仁，至於摩頂放踵。而告子之徒，又有仁內義外之說，心學大壞。孟子闢義外之說，而曰：「仁，人心也，學

〔註51〕《全書》，第3冊，卷21，外集三，〈答徐成之〉二（壬午），頁7a～7b。
〔註52〕《年譜》，正德十六年辛巳，先生五十歲。
〔註53〕《全書》，第3冊，卷21，外集三，〈答徐成之〉二（壬午），頁7b。

問之道無他，求其放心而已矣！」又曰：「仁義禮智，非由外鑠我也，我固有之，弗思耳矣。」蓋王道息而伯術行，功利之徒，外假天理之近似以濟其私，而以欺於人曰：天理固如是。不知既無其心矣，而尚何有所謂天理者乎。自是而後，析心與理而爲二，而精一之學亡。世儒之支離，外索於刑名器數之末，以求明其所謂物理者，而不知吾心即物理，初無假於外也。佛、老之空虛，遺棄其人倫事物之常，以求明其所謂吾心者，而不知物理即吾心，不可得而遺也。至宋周、程二子，始須追尋孔、顏之宗〔……〕庶幾精一之旨矣。自是而後，有象山陸氏，雖其純粹和平若不逮於二子，而簡易直截，直有以接孟子之傳，其議論開闔時有異者，乃其氣質意見之殊，而要其學之必求諸心，則一而已。故吾嘗斷以陸氏之學，孟氏之學也。而世之議者，以其嘗與晦翁之有同異，而遂詆以爲禪。夫禪之說，棄人倫，遺物理，而要其歸極，不可以爲天下國家。苟陸氏之學而果若是也，乃所以爲禪也。今禪之說與陸氏之說，其書具存，學者苟取而觀之，其是非同異，當有不待於辯說者。〔註54〕

陽明此序有破有立，於「破」方面，如前所述，陽明指出詆象山之荒謬；而象山之言實事實理，與釋氏之棄人倫，遺物理，不可以爲天下國家之捨離解脫精神，實迥然有別。於「立」方面，陽明雖爲《象山文集》作序，卻申述其本人對道統的了解；足見陽明欲以道統爲背景，來烘托、勾勒出象山學術之地位，可謂深具卓識。陽明指出聖人之學即心學也，而十六字心傳即心學之源。據此，基於心學的觀點，陽明對道統的傳承，有如下的看法：

三代→孔子→孟子————→周濂溪→程明道→陸象山

陽明以心學作爲道統傳承之判準，聖人之學即是心學，亦即精一之學。而心學之大壞，則起於析心與理爲二，如：告子之仁內義外之說，世儒之支離外索於刑名器數之末，佛、老之空虛，遺棄人倫事物之常，皆屬之。換言之，心學之血脈，精一之旨，即是「心即理」。因此，主觀上陽明雖認爲象山不審文義，所養未至，故其氣象未及濂溪、明道。然而就客觀義理言，象山論學之要，簡易直截，必求諸心，眞有以接孟子之傳，蓋孟子之後一人也。〔註55〕

〔註54〕 同前書，第 1 冊，卷 7，〈象山文集序〉，頁13b～頁11b。
〔註55〕 同前書，第 1 冊，卷 5，〈與席元山〉，頁11b。

據此，象山於道統傳承上，亦居一席之位。

　　經由陽明之闡述象山學術之實，復進象山於道統之列，象山所蒙禪學之誣盡釋，如皓月當空而魍魎自銷。尤其，陽明之言：「吾嘗斷以陸氏之學，孟子之學也」，實與象山之謂「因讀孟子而自得之」，若合符節，足見陽明對於象山學術精神實有深識。

（二）陽明誤解象山之格物

　　陽明雖能大體上了解象山學之精髓，然對象山的了解亦有小疵處，如陽明對象山格物說的誤解即是一例。

　　大抵宋儒講學，皆就《論》、《孟》、《中庸》、《易傳》以言本體而證本體，惟自伊川、朱子後，重點移於《大學》，講出一套認知意義的致知格物論。陽明就不滿朱子格物論，並純自道德實踐上講出另一套以孟子學為中心的致知格物論，此陽明之勁力，〔註56〕可謂創舉。為此，陽明一見象山言格物，即以朱子格物論視之，遂有「只是粗些」之評。〔註57〕如其〈與席元山〉書云：

> 象山之學，簡易直截，孟子之後一人。其學問思辨致知格物之說，雖亦未免沿襲之累。然其大本原斷非餘子所及也。

又〈答友人問〉亦云：

> 致知格物，自來儒者皆相沿如此說，故象山亦遂相沿得來，不復致疑耳。然此畢竟亦是象山見得未精一處，不可掩也。〔註58〕

據此，陽明認為象山於學問頭腦處皆能見得分明，但其格物致知，實有沿用舊說而見得未精一處，但細繹象山之格物，陽明之評並不諦當。

　　象山〈格矯齋說〉云：

> 格，至也。與窮字、究字同義，皆研磨考察以求其至耳。學者孰不曰「我將求至理」，顧未知其所知果至與否耳。所當辨、所當察者此也。〔註59〕

就字面的訓詁，象山似與朱子相同，皆以格物即窮理。但象山所窮之理，是「心即理」之理，必須有所辨察。如象山與其弟子就有以下的答問：

> 〔……〕格物是下手處。伯敏云：「如何樣格物？」先生云：「研究物

〔註56〕牟宗三：《心體與性體》，第2冊，頁419～420。
〔註57〕《傳習錄》下：205。
〔註58〕《全書》，第1冊，卷6，〈答友人問〉，頁7a。
〔註59〕陸九淵：《陸九淵集》（臺北：里仁書局印行，1981年），卷20，頁253。

理。」伯敏云:「天下萬物不勝其繁,如何盡研究得?」先生云:「萬
物皆備於我,只要明理。然理不解自明,須是隆師親友。」〔註60〕
觀象山所言「萬物皆備於我」、「不解自明」之理,實不同於朱子由「然」以
推「所以然」之理。

又〈武陵縣學記〉中,象山對其格物之義言之備詳:

> 彝倫在人,維天所命。良知之端,形於愛敬。擴而充之,聖哲之所
> 以爲聖哲也。先知者,知此而已。先覺者,覺此而已。〔……〕學
> 校庠序之間,所謂切磋講明者,何以捨是而他求哉?所謂格物致知
> 者,格此物,致此知也,故能明明德於天下。《易》之窮理,窮此理
> 也,故能盡性至命。《孟子》之盡心,盡此心也,故能知性知天。學
> 者誠知所先後,則如木有根,如水有源,增加馴積,月異而歲不同,
> 誰得而禦之?〔註61〕

象山所謂格物,即窮究「維天所命」之本心性體,此是依逆覺體證之方式,自
本心上言格物致知。據此,不僅格物與致知爲同義語,亦與《易》之「窮理」,
《孟子》之「盡心」,其義皆同。此全孟子學,只不過借用《大學》辭語以申其
義。〔註62〕因此,象山之「格物」即其「明本心」、「先立其大」之義。〔註63〕
猶有進者,此與陽明本人所言「致知格物」之本旨又何異乎?只是在表達此義
理之方式上,象山不若陽明表現「分解地有所立」之工巧罷了。〔註64〕故陽明
之評象山致知格物之說,不僅不的當,更夾雜主觀的偏執,於此意義下,反顯
陽明「不審文義」之失。吾人似乎也可以藉「只是粗些」來質疑質陽明。

二、陸、王學術宗旨相同——心即理

就陽明與象山所表現之學術精神言,實有諸多契合處,如:二人皆不從
知能上體會聖人,〔註65〕而只從此心此理之同然處論聖人之所以爲聖。又如

〔註60〕同前書,卷35,〈語錄下〉,頁440。
〔註61〕同前書,卷19,頁238。
〔註62〕牟宗三:《心體與性體》,第2冊,頁419。
〔註63〕戴君仁:〈象山說格物〉,《大陸雜誌》,第38卷第10期,頁14。
〔註64〕牟宗三:《從陸象山到劉蕺山》(臺北:臺灣學生書局,1984年),頁22。
〔註65〕如象山云:「雖夫子之聖,亦非天下之理,皆已盡明,而無復可明之理。今謂
　　　　立之不明者,非固責其不能盡明天下之理,蓋謂其有不自知之處也。人各有
　　　　能、有不能。有明、有不明。若能爲能,不能爲不能;明爲明,不明爲不明,
　　　　乃所謂明也。」(《陸九淵集》,卷3,〈與曹立之〉二,頁41)。陽明亦云:「聖

象山有「學苟知本，六經皆我註腳」〔註66〕之見，陽明亦有「六經者非他，吾心之常道也」之論，〔註67〕皆認爲「經學即心學」。〔註68〕且陸、王講學，簡易直截，皆能當機指點，當下感人最深，每使人有所警悟。〔註69〕但若進一步探討陸、王客觀義理之同，則必以「心即理」爲要。

世所謂陸、王之同，多就二家皆言「心即理」爲說，〔註70〕但象山與陽明體悟與表達「心即理」的方式不同。就象山而言，其體悟「心即理」乃源於宿慧，〔註71〕復因讀《孟子》而自得之，而其表達此義理是以非分解方式指點弘揚之。然而陽明卻歷經朱子析心與理爲二之迂迴，方於龍場大悟中體證之，故其表達此義理方式，則著重重新分解以立義。〔註72〕此節先言象山「心即理」之說，而陽明之旨則俟第三章詳明之。

象山自三、四歲時，即發「天地何所窮際」的形上玄思，至十三歲因宇宙字義乃有「心即理」之洞悟，忽大省曰：「元來無窮。人與天地萬物皆在無窮之中者也。」乃接筆書曰：「宇宙內事乃己分內事，己分內事乃宇宙內事。」又曰：「宇宙便是吾心，吾心即是宇宙。東海有聖人出焉，此心同也，此理同也。西海有聖人出焉，此心同也，此理同也。南海北海有聖人出焉，此心同也，此理同也。千百世之上至千百世之下，有聖人出焉，此心此理亦莫不同也。」〔註73〕蓋象山由洞悟宇宙無窮，而進一步體證到吾心是一超越時空的無限心，故云：「宇宙便是吾心，吾心便是宇宙。」據此，宇宙無窮，心亦無窮，理亦無窮。〔註74〕顯然地，象山之「心即理」，首先所拱托出的是一「無限心」的洞見（insight）。

人於禮樂名物不必盡知，然他知得一箇天理，便自有許多節文度數出來。不知能問，亦即是天理節文所在。」（《傳習錄》下：227）

〔註66〕 陸九淵：《陸九淵集》，卷34，〈語錄上〉，頁399。

〔註67〕 《全書》，卷7，〈稽山書院尊經閣記〉，頁20b。

〔註68〕 蔡仁厚：〈王陽明「經學即心學」的基本義旨〉（《中華文化復興月刊》，第8卷第9期〔1975年9月〕），頁59～62。

〔註69〕 如象山四十三歲於白鹿洞書院講「君子喻於義，小人喻於利」一章，說得痛快，至有流涕者；朱子亦深受感動而汗出揮扇，此即一例也（參《年譜》）。而陽明鍛鍊人處，一言之下，感人最深。（《傳習錄》下：313）

〔註70〕 唐君毅：《中國哲學原論》（原教篇），頁213。

〔註71〕 牟宗三：《從陸象山到劉蕺山》，頁26。

〔註72〕 同前書，頁21。

〔註73〕 陸九淵：《陸九淵集》，卷36，《年譜》，頁483。

〔註74〕 牟宗三：《從陸象山到劉蕺山》，頁27。

嗣後，象山論學無概念的分解，其所預設之分解全在孟子，故其論「心即理」亦本孟子而示之，其言曰：

> 孟子曰：「心之官則思，思則得之，不思則不得也。」又曰：「存乎人者，豈無仁義之心哉？」又曰：「至於心，獨無所同然乎？」又曰：「君子之所以異於人者，以其存心也。」又曰：「非獨賢者有是心也，人皆有之，賢者能勿喪耳。」又曰：「人之所以異於禽獸者幾希，庶民去之，君子存之。」去之者，去此心也；故曰：「此之謂失其本心。」存之者，存此心也；故曰：「大人者不失其赤子之心。」四端者，即此心也。天之所以與我者，即此心也。人皆有是心，心皆具是理。心即理也。故曰：「理義之悅我心，猶芻豢之悅我口。」所貴乎學者，為其欲窮此理，盡此心也。〔註75〕

象山此文，皆徵引孟子以申其「心即理」之要旨，雖無新說，亦非將孟子之概念重新分解以立新義，然卻義理精熟，昭然若揭。試歸其要點有數端：

1. 象山所謂「心即理」之「心」乃指孟子仁、義、禮、智四端之心，故云：「四端者，即此心也。」

2. 此「四端之心」，乃「天之所以與我者」，故非經驗意義之心，而其本身具有「先驗性」，取其「超驗義」。〔註76〕

3. 此「天之所以與我者」之「四端之心」，自義理上言，「人皆有之」，故象山又名曰「本心」，具絕對的「普遍性」。

4. 此「本心」，乃從「人之所以異於禽獸者幾希」之「幾希」處而言，它不是一個經驗知識中的概念，而是代表價值的自覺。〔註77〕

5. 象山之「心即理」不是本心與理合一，亦非本心即是理而合理，乃是從心言理，心即是理，其分解在孟子之「心之所同然者，何也？謂理也、義也。聖人先得我心之所同然耳。故理義之悅我心，猶芻豢之悅我口。」（〈告子篇〉上）孟子從心所共同肯定理、義處來顯豁心之普遍性、客觀性，故此心是超越的義理之心（純理性的心）。而心所肯定之理與義，不由外至，即理義並不當作認知對象被給與、被置定。而是本心自身之活動所自發即是理義，此時，心與理義無能所的認知相，

〔註75〕陸九淵：《陸九淵集》，卷11，〈與李宰〉，頁149。
〔註76〕勞思光：《中國哲學史》，第3卷上（香港：友聯出版社，1980年），頁412。
〔註77〕同前書，頁411。

心、理是一。換言之，心本身對其自己就是一法則，此義恰是西哲康德（Immanuel Kant, 1724～1804）所言之「意志自律」。〔註78〕就此而言，本心是一能自我立法（理義）的本心。由於義理是從本心之自我立法而言，且超越的本心又是一當下可具體真實呈現之本心，故理義對於本心之關係是一分析命題，因此，進一步可言「心悅理義」，本心悅它自發自立的理義，如此一來，本心呈現，理亦呈現。則理義（道德法則）上的「應當」，即是本心上的「自願」，故不僅道德的實踐有真正的動力，且更證實本心是道德底客觀基礎。此即是象山本孟子所言「心即理」之切義。

6. 既云「心之官則思，思則得之，不思則不得」，故象山所言「心即理」之此心此理，是以「反身而誠」之逆覺體證工夫得之。

綜上所述，即象山本孟子而言「心即理」之要義。而就象山之重樸實、明本心，以斥閒議論之講學風格言，其孜孜言「心即理」之實感，毋寧要人知得道德之理即在此心之發用中，且同時知得人之所以化除其不合理心情意念行為之「能」（動力），亦在此心中。〔註79〕以此方能了解象山屢告學者「女耳自聰，目自明，事父自能孝，事兄自能弟，本無欠闕，不必他求，在自立而已」〔註80〕之實義！

觀象山之能如此相應孟子精神而言「心即理」之說，則其自謂「孟子之後，至是而始一明也」，誠非虛言。然從客觀義理上說，象山言「心即理」說亦有進乎孟子之發展，此即是：象山「心即理」之達其絕對普遍性而「充塞宇宙」。〔註81〕原初根據孟子義理所言之「心即理」乃著重於本心的自我立法、意志自律，似只就道德創造而言。然相應於象山幼年以道德踐履為背景而來的洞見——無限心，則必由道德創造的無限心，體證到一宇宙創造生化的形上本體，以此證明天地萬物的存在，此函道德秩序即宇宙秩序。〔註82〕故本心不限道德界，亦可說明天地萬物的存有，因此象山進而言：「心，一心也；

〔註78〕 康德說：「意志底自律就是意志底那種特性，即因著這種特性，意志對於其自己就是一法則。」見康德：《道德底形上學之基本原則》，見牟宗三譯註：《康德的道德哲學》（臺北：臺灣學生書局，1982年），頁85。

〔註79〕 唐君毅：《中國哲學原論》（原教篇），頁217。

〔註80〕 陸九淵：《陸九淵集》，卷34，〈語錄上〉，頁399。

〔註81〕 牟宗三：《從陸象山到劉蕺山》，頁19。

〔註82〕 同前書，頁20。

理一理也，至當歸一，精義無二，此心此理，實不容有二。」〔註83〕「天下正理不容有二，若明此理，天地不能異此，鬼神不能異此，千古聖賢不能異此。」〔註84〕又云：「此理在宇宙間未嘗有所隱遁，天地之所以爲天地者，順此理而無私焉耳，人與天地並立而爲三極，安得自私而不順此理哉？」〔註85〕總持地說：「萬物森然於方寸之間，滿心而發，充塞宇宙，無非此理。」〔註86〕故心即是理、即是道，道外無事，儒家「道德的形而上學」於茲顯焉。此義孟子雖未明文言之，然其云「萬物皆備於我，反身而誠，樂莫大焉」、「盡其心者，知其性也，知其性，則知天矣」，實已函此發展。

第三節　陽明與孟子

陽明言「良知」，其經典根據雖出自《孟子》，但較之於象山，陽明並非因讀《孟子》而自得之。因陽明之悟良知，乃是針對朱子問題而發，歷經人情事變上之困心衡慮，與長期學思之探究，方得此結晶。故陽明之力倡良知說，主觀上本與孟子無直接的關係。但若衡之於客觀義理，陽明思想乃屬於孟子學。〔註87〕因此，本節首先指出陽明之「良知」本於孟子而意義更爲豐富，其「知行合一」說亦當由孟子「良知良能」來了解。其次闡述孟子「仁義內在」之義，以闡明陽明思想之所以歸宗於孟子，其義理支點即在「仁義內在」。

一、陽明之「良知」本於孟子

陽明所謂「良知」一詞，本於《孟子‧盡心篇》：

> 孟子曰：人之所不學而能者，其良能也；所不慮而知者，其良知也。孩提之童無不知愛其親也，及其長也，無不知敬其兄也。親親，仁也；敬長，義也。無他，達之天下也。」

孟子於此文中，「良能」與「良知」並舉，藉人之幼時與長時，指點人能自發地知仁知義之本心。此處孟子所著重的是「仁」、「義」之心的本具，非由外鑠，而能自然眞實而具體地呈現。

〔註83〕陸九淵：《陸九淵集》，卷1，〈與曾宅之〉，頁4～5。
〔註84〕同前書，卷15，〈與陶贊仲〉二，頁194
〔註85〕同前書，卷11，〈與朱濟道〉一，頁142。
〔註86〕同前書，卷34，〈語錄上〉，頁423。
〔註87〕牟宗三：《從陸象山到劉蕺山》，頁216。

然而陽明借用孟子之「良知」，其意義卻落於「是非之心，智也」上，陽明云：

> 是非之心，不慮而知，不學而能，所謂良知也。(《傳習錄》中：〈答聶文蔚〉，179)

又於〈大學問〉云：

> 良知者，孟子所謂是非之心，人皆有之者也。是非之心，不待慮而知，不待學而能，故謂之良知。是乃天命之性，吾心之本體自然靈昭明覺者也。〔註88〕

由此可見，陽明之言「良知」與孟子原初言「良知」之義稍有出入，而其真正確定意義即是孟子四端之心中的「是非之心，智也」。猶有進者，陽明強調此「是非之心」之「良知」是「不慮而知，不學而能」，當下自能呈現。並將此「是非之心」視為心之本體，屢言其自然靈昭明覺之用，故以「良知」來綜括孟子四端之心。實則，陽明之言良知有進於孟子處，關於此義，詳見第三章第二節之解析。

其次，陽明所言之「知行合一」，其義理亦當本於孟子之「良知良能」。陽明云：

> 「知行」二字，亦是就用功上說。若是知行本體，即是良知良能。(《傳習錄》中：〈答陸原靜書〉，165)

又云：

> 某今說箇知行合一，正是對病的藥，又不是某鑿空杜撰，知行本體原是如此。今若知得宗旨時，即說兩箇亦不妨亦只是一箇；若不會宗旨，便說一箇，亦濟得甚事，只是閒話。(《傳習錄》上：5)

陽明在這兩段話中，已明白地指出：知行本體即是良知良能，知行原只是一個。而陽明之所以言「知行合一」，乃是為扭轉程朱析心與理為二而導致「知先行後」之弊。因此，陽明所謂「知行合一」之「知」即是「良知」，「行」即是「良能」，此是本於孟子「良知良能」而為言。因在孟子，「人之所不學而能者，其良能也；所不慮而知者，其良知也」皆就道德本心而言，良知良能本是一事。析言之，道德本心一旦呈現，便一定會引發道德行為，其本身自有沛然莫之能禦的要求實現之力量，此力量即是良能，故良知自能分析出良能。而在陽明，亦謂：「知是心之本體，心自然會知。見父自然知孝，見兄

〔註88〕《全書》，第3冊，卷26，〈大學問〉，頁4a。

自然知弟，見孺子自然知惻隱，不假外求。」(《傳習錄》上：8) 就「心自然會知」言，是良知；而就「見父自然知孝」言，則是良能。良知良能本非有二，足見知行只是一個，知行合一。

因此，陽明「知行合一」之思想，乃本於孟子之「良知良能」。而或有謂陽明之知行合一說，是源於程伊川的知行說，〔註 89〕此則是只就字面上之關聯而牽合，實混淆義理之分際，不識義理之血脈，不可不加以辨明。

二、孟子「仁義內在」為內聖之學的樞紐

陽明言良知雖本於孟子而進於孟子，但良知之能內在地自作斷制，自立準則，其義理的支點即在孟子之「仁義內在」。而就孟子所確定的內聖之學弘規言，「仁義內在」實為樞紐觀念；儒家之所以為儒家，道德之所以為道德，均繫於此義。故「仁義內在」是一個「偉大的洞見」(great insight)，〔註 90〕孟子之後，唯象山與陽明能真正了解它的義蘊。

孟子之言性善，其關鍵在反對告子的「生之謂性」，而其正面所盛發的義理則是「仁義內在」。所謂「仁義內在」，是指仁義內在於心；因孟子正是從心善來指證性善，〔註 91〕此進路迥然異於告子「生之謂性」的進路。從告子「性猶杞柳也，義猶桮棬也」、「性猶湍水也」(〈告子篇〉上) 來看，告子所謂的「性」是一材質、中性的觀念。此「性」不足以把人之異於禽獸的價值標舉出來，且仁義將是後天被造成，則價值之源無法開出。故孟子必反對告子「生之謂性」，且從道德理性的價值觀點，即心言性，用理為性。

孟子與告子仁義內在、外在之辯論見於《孟子·告子篇》：

> 告子曰：「食色，性也。仁，內也，非外也；義，外也，非內也。」
> 孟子曰：「何以謂仁內義外也？」告子曰：「彼長而我長之，非有長於我也；猶彼白而我白之，從其白於外也，故謂之外也。」〔孟子〕曰：「異於白馬之白也，無以異於白人之白也；不識長馬之長也，無以異於長人之長與？且謂長者義乎？長之者義乎？」〔告子〕曰：「吾弟則愛之，秦人之弟則不愛也，是以我為悅者也，故謂之內。

〔註89〕黃公偉：《宋明清理學體系論史》，頁351。
〔註90〕牟宗三：〈中國文化發展中義理開創的十大諍辯〉(《中國時報》副刊，1987年 5 月 15 日)。
〔註91〕徐復觀：《中國人性論史》(臺北：臺灣商務印書館，1979 年)，頁171。

　　長楚人之長，亦長吾之長，是以長爲悅者也，故謂之外也。」〔孟

　　子〕曰：「耆秦人之炙，無以異於耆吾炙。夫物則亦有然者也，然則

　　耆炙亦有外與？」

在此辯論中，告子認爲「義」隨客觀事實而定，故謂之義外。而其論證是由「彼長而我長之」猶「彼白而我白之」來說明。析言之，某人是長者而我即以長者視之；恰如某物是白的，而我即以白物視之。而我之所以「長之」、「白之」，皆依外在客觀對象之事實而定。由此推論，義從外而不由內發。孟子之駁斥告子，即從「長之」與「白之」之不同來說明。孟子將告子「彼長而我長之」與「彼白而我白之」分爲四種情況：即「白馬之白」與「白人之白」，「長馬之長」與「長人之長」。依前者，「白之」是一認識活動，是事實問題，因白馬與白人皆是白物（「白」是共相），故吾人俱「白之」（以白物視之），故「白之」由客觀對象決定，此無問題。至於後者，「長之」（尊敬長者）是一道德行爲，是道德上的應當問題。因此，吾人對於年長之馬或有憐恤之意，卻無尊敬之意，而對於年長之人則以長者視之，而有尊敬意。顯然地，「長之」與「白之」是不同的，二者是不同層次的問題。且若於長馬與長人處之「長之」是因對象——人與馬之不同而使然，則何以於白馬與白人處，卻不會因其對象——人與馬不同，而有「白之」之不同？若「白之」是由「彼白」（即客觀對象）決定，則「長之」不完全由「彼長」決定。如是，孟子認爲義是見於「長之」者，蓋「尊敬」之應當發之於內心，而不是隨客觀事實之「彼長」決定。

　　然而告子卻無視於孟子「且謂長者義乎？長之者義乎？」之點撥，遂再申其「仁內義外」之說。告子認爲：「吾弟則愛之，秦人之弟則不愛也。」而這「愛吾弟」之悅是依我之於兄弟之情而成其悅，則此「悅」是主觀地由我而發，故謂「仁內」。而就「長楚人之長，亦長吾人之長」言，之所以「皆以長者視之」之悅，是以客觀對象之長者而定，故謂「義外」。

　　辯論至此，孟子仍鬆動地依一般常情舉例，以秦人之炙與吾之炙之「同嗜之」不由外定，來表示不能以同長定義外。

　　由孟、告此義內義外之辯論，吾人發現告子之「仁」內「義」外之行爲，皆無道德意義。因就告子所舉「仁內」之例來看，告子所說的「仁」實是一般感性的愛，雖說是內，仍不是道德意義的「仁」（若是道德意義的「仁」則具普遍性，應是吾弟則愛之，秦人之弟亦愛之，只因親疏之不同而表現方式或有異也，而其爲「愛」一也）。而就告子所謂的「義外」而言，「義」是由

客觀對象而定，客觀對象是什麼，我就應當說它是什麼。換言之，道德行為的發生是由對客體之認知活動而引致。問題是：認知活動只能提供我們了解對象的種種經驗知識，其中並沒有「義」，故實不能決定我們道德行為的應該或不應該。此正如「冬天宜於裘，夏天宜於葛」之行為，試問：這樣的行為有道德意義嗎？因此，孟子必反對告子義外之說，駁斥：「告子未嘗知義，以其外之也。」（《孟子·公孫丑篇》上）

至於孟子主要的目的則在表明：仁義內在於本心。仁、義是由主體內發的，而不是由客體決定、後天造成的；是從「人之所以異於禽獸者，幾希」處呈現，是「由仁義行，非行仁義也」。總持地說，只是本心之覺；分解地說，則有四端之呈現。因此，仁義內在於本心，即指本心自我活動之覺醒對其自己即是一法則（仁、義、禮、智是道德法則），此即康德所說的「意志底自律」、「意志自身即是普遍的立法者」。〔註92〕換言之，本心是一能訂立道德法則之意志，而它就只服從其所自立之法則。因此仁義即是本心自己，即是理，也具活動義。如是，仁義（道德法則）不外於本心，而道德行為亦由本心所決定而發生。

依孟子「長之者」為義內之例言之，吾人之所以見長者會有「長之」之道德行為出現，乃是因為吾人之本心在此時覺醒之故。分解地言之，即先有本心之覺，然後於面對長者之存在時，生起敬心，方有「長之」之行為。反之，若吾人本心不覺醒呈現，即無敬長之心，則即使長者在前，雖是至親，亦不一定會尊敬之，則「長之」之行為根本不可能出現。而其中之關鍵即在：本心之覺，是先在的（此是形而上學之先後之先，非時間上先後之先）；亦即是孟子所謂「不待學而能」、「不慮而知」的「良知良能」。因此，有此本心之覺，方有一應然的道德行為呈現，則本心之實現仁義之活動，乃是直貫創造的活動。足見道德法則、道德行為不由客觀事實決定，而必須由主體（本心）決定。〔註93〕

明乎孟子仁義內在於本心之義，則由心善而可確立性善，而「每一個人皆可在自己的心上當下認取善的根苗，而無須向外憑空懸擬」〔註94〕的自主性因之確立。此於人類理性覺醒言，自是一創說與里程碑，而整個內聖之學亦以此觀念為樞紐，步步開展。

〔註92〕康德：《道德底形上學之基本原則》，見牟宗三譯註：《康德的道德哲學》，頁70。

〔註93〕以上有關孟子仁義內在之義理疏解，多參考楊祖漢：〈孟子與告子義內義外之辯論〉（《華岡文科學報》，第16期〔1988年5月〕）一文寫成。

〔註94〕牟宗三：《從陸象山到劉蕺山》，頁163。

第三章　道德實踐之所以可能的超越根據
——良知

第一節　心即理

　　就客觀義理脈絡言，陽明之「心即理」本於孟子「仁義內在」與象山「心即理」而來。但就陽明於龍場悟得「心即理」之主觀機緣言，其核心問題實乃針對朱子格物窮理之工夫進路而發。故陽明嘗申明其所以言「心即理」之立言宗旨云：

> 諸君要識得我立言宗旨。我如今說箇心即理是如何？只爲世人分心與理爲二，故便有許多病痛〔……〕故我說箇心即理，要使知心理是一箇，便來心上做工夫，不去襲義於外，便是王道之眞，此我立言宗旨。（《傳習錄》下：321）

據此，我們得知陽明言「心即理」，在於反對朱子之析心與理爲二，而強調心、理是一個，至善只求諸心。爲此，陽明申其「心即理」說之方式，往往是透過駁斥朱子析心與理爲二之非來逼顯，偏重於義理的遮撥；至於正面「良知即天理」〔註1〕之闡釋，則蘊於良知之客觀性的分解中。

　　實則，若由陽明之云「夫析心與理而爲二，此告子義外之說，孟子之所深闢也」來看，則陽明之駁朱子，亦猶孟子之闢告子。如是，朱子「心與理爲二」與告子「義外」之說皆屬同一層次的問題——他律道德。而陽明主張

――――――――――――――

〔註1〕　《傳習錄》中：〈答顧東橋書〉，135。

「心即理」，主要在於申明孟子「仁義內在」之宏旨——自律道德。

以下試就陽明遮撥朱子析心與理為二之非，來看陽明如何逼顯其「心即理」之義。

一、此心在物爲理

《傳習錄》載云：

> 又問「心即理」之說：「程子云：『在物爲理』，如何謂『心即理』？」
>
> 先生曰：「在物爲理，『在』字上當添一『心』字——此心在物爲理。
>
> 如此心在事父則爲孝，在事君則爲忠之類。」（《傳習錄》下：321）

問者舉程伊川「在物爲理」來質疑陽明「心即理」之說，似覺二者相戾。而「在物爲理」之言，見於《周易程氏傳》，其言曰：「艮爲止，止之道唯其時。行止、動靜不以時，則妄也。不失其時，則順理而合義。在物爲理，處物爲義，動靜合理義，不失其時，乃其道之光明也。」又云：「夫有物必有則，父止於慈，子止於孝，君止於仁，臣止於敬，萬物庶事莫不各有其所，得其所則安，失其所則悖。聖人所以能使天下順治，非能爲物作則也，唯止之各於其所而已。」〔註2〕依伊川之意，「在物爲理」之「理」，即是「有物必有則」之「則」，亦即「唯止之各於其所」之「所」；此乃依據《詩經》〈大雅〉「天生烝民，有物有則。民之秉彝，好是懿德」而來。因此，「在物爲理」之「理」，乃指對應每一件「事」物，所存有之行事的道理或法則。若就道德實踐而言，即是道德法則，所謂「父止於慈，子止於孝〔……〕」；若從存有論說，則是萬物萬事超越的「所以然之存在之理」，亦即朱子之「太極」。分析至此，伊川根據「有物有則」而言「在物爲理」並不誤。但問題在：伊川「在物爲理」之「理」，只能作爲吾人之「性」（是以伊川言「性即理」），它本身不能活動而成爲吾人之「心」，故心不是理。以此，陽明弟子遂有「如何謂『心即理』？」之疑。

但若進一步依伊川之思路以言道德實踐，由於心不是理，故道德法則（在物爲理之「理」）並不由主體（心）所自發，而須由外於吾心之超越的所以然之理所給與，因此，遂有「格物致知」的工夫入路。如是，心爲能知，理爲所知；朱子即承伊川之思路而系統化，故陽明乃云：「晦菴謂『人之所以爲學者，心與

〔註2〕《二程集》（臺北：漢京文化事業有限公司，1983年），下冊，《周易程氏傳》，卷4，釋艮卦〈象傳〉，頁968。

理而已。心雖主乎一身，而實管乎天下之理。理雖散在萬物，而實不外乎一人之心。』是其一分一合之間，而未免已啓學者心理爲二之弊。」〔註3〕因爲朱子之「理」是散在萬物又超越萬物的「存在之理」（太極），而心乃以認知的方式將此理攝具於心，心順理而行以成道德行爲。因此，道德行爲是由認知客體的超越所以然之理所決定，其中客體的「存在之理」是德性實踐之根據，是超越的，而心則不必能合理，是經驗的。即以「事父」一例而言，則是：見父，知父之所以爲父與子之所以爲子之理（父慈子孝）後，心再依此理而行，然後能孝。據此分析，伊川、朱子以認知客體的先驗、客觀的「存在之理」來決定道德行爲，顯然比告子以認知客觀事實來決定道德行爲更進一步；然而，二者的思路實相同，均以客體決定道德法則之所從出、道德行爲之所由生。無怪乎陽明仍以告子義外之說駁斥朱子心、理爲二之論。

　　更確切地說，陽明認爲心、理爲二的行爲，是沒有眞正道德意義的，此即是康德所說的「意志底他律」，康德說：

> 如果意志尋求決定意志之法則不在「它的格準之合宜於成爲它自己的決斷（裁定）底普遍法則」中尋求，而卻在任何別處尋求，因而結果也就是說，如果它走出自己之外而在它的任何對象之特性中尋求這法則，則結果其所成者總只是〔意志之〕他律。在這種情形下，意志〔自身〕並不給它自己以法則，而是這法則乃爲對象通過其對於意志之關係所給與〔而是對象通過其對於意志之關係把這法則給與於意志〕。〔註4〕

康德所說的意志即是道德判斷的主體──「心」，而決定意志之法則，即是「理」；如果「理」是從「心」之外的對象中尋求（即道德法則由對象提供、給與），而不是由「心」所自發、所自我立法而來，此即是「意志底他律」，而意志底他律正是一切假的（歧出的）道德原則之源泉。如是，於他律概念下，吾人之行爲不具有眞正的道德意義。因此，伊川心、理爲二之「在物爲理」與陽明「此心在物爲理」之不同，其關鍵就在於道德法則（理）由對象（物）提供，抑或由主體（心）自己提供。顯然地，陽明認爲道德法則（理）必須由主體（心）自我立法所提供──此即「此心在物爲理」之實義。而陽明所舉「此心在事父

〔註3〕　《傳習錄》中：〈答顧東橋書〉，133。
〔註4〕　康德：《道德底形上學之基本原則》，見牟宗三譯註：《康德的道德哲學》（臺北：臺灣學生書局，1982年），頁86。

則為孝」之例更為顯豁，蓋以「事父」這一「行為物」而言，其所據之法則——孝之理，並不由作為客體之親之身所提供，因「孝」之理並不是一客觀有方所的存在，可由吾人來認知。因此，「孝」之理必由作為主體之「心」所自發，除此之外，沒有另外的根源。換言之，心本身就是立法者，故陽明宣稱：「有孝親之心，即有孝之理；無孝親之心，即無孝之理矣。有忠君之心，即有忠之理；無忠君之心，即無忠之理。理豈外於吾心邪？」〔註5〕於此意義下，理內在於心。因此，陽明〈與王純甫〉書中乃云：「夫在物為理，處物為義，在性為善，因所指而異其名，實皆吾之心也。」顯然地，「理」、「義」、「善」皆是吾之「心」，只因所言之分際不同而異其名，如是，豈可於心外憑空求個「理」、「義」、「善」呢？故「性無彼此，善無彼此」，不能與心離而二之，則「心外無理，心外無義，心外無善」〔註6〕——心即理，又何疑焉？

二、至善是心之本體

《傳習錄》載：

> 愛問：「知止而後有定，朱子以為事事物物皆有定理，似與先生之說相戾。」先生曰：「於事事物物上求至善，卻是義外也。至善是心之本體，只是明明德到至精至一處便是，然未嘗離卻事物。本註所謂『盡天理之極，而無一毫人欲之私』者得之。」（《傳習錄》上：2）。

〈答顧東橋書〉又云：

> 朱子所謂格物云者，在「即物而窮其理」也。即物窮理，是就事事物物上求其所謂定理者也，是以吾心而求理於事事物物之中，析心與理為二矣。夫求理於事事物物者，如求孝之理於其親之謂也。求孝之理於親，則孝之理其果在於吾之心邪？抑果在於親之身邪？假而果在於親之身，則親沒之後，吾心遂無孝之理歟？〔……〕以是例之，萬事萬物之理，莫不皆然。是可以知析心與理為二之非也。（《傳習錄》中：〈答顧東橋書〉，135）

這兩段話皆聚焦於朱子格物窮理以求至善之論點，陽明藉此抨擊朱子為義外。承伊川「在物為理」之思路，朱子於解釋伊川艮卦〈象傳〉之義時，特別強調「艮其止，止其所」之義，並推崇伊川所言「聖人所以能使天下順治，非能為

〔註5〕《傳習錄》中：〈答顧東橋書〉，133。
〔註6〕《全書》，第1冊，卷4，〈與王純甫〉二，頁8b。

物作則也，惟止之各於其所而已」解得分明，〔註7〕並說：「所，即至善之地，如君之仁，臣之敬之類。」〔註8〕由此可看出朱子特重「止於至善」之義。而朱子於《大學章句》中解「至善」為「事物當然之極也」，釋知止之「止」為「所當止之地，即至善之所在地」，故「至善」即是朱子所推至之「無形象、只是理」的「太極」。〔註9〕當「太極」對應個別事事物物而顯現時，即成事事物物之「定理」，如君之仁、臣之敬。但第二章已述及，朱子透過「即物窮理」之認知方式所得的「太極」，只是一「存有論的圓滿」概念，故其所謂的「至善」是由「存有論的圓滿」概念來規定的。據此，朱子就事事物物上求其所謂定理者之「理」，是一先驗的、超越的、客觀而普遍的所以然之理，是無形體可指，無方所可定。若落實於道德實踐言，則道德法則是以超越的所以然之存在之理來規定。如是，朱子將道德法則的基礎建立於先驗的理性底概念上，確實保住了道德法則的超越性與純粹性，此固然比以現實經驗之利益或性好來說明道德為好。縱然如此，我們仍可問：朱子以「存有論的圓滿」概念──「太極」來規定的「至善」有道德意義嗎？西哲康德對此問題亦有詳盡的分析，其言云：

> 在理性的道德原則之中，存有論的「圓滿」之概念儘管有缺點，亦比神學的概念為較好，此神學的概念乃是從一個神的、絕對圓滿的意志中引申出道德者。前一概念無疑是空洞而不確定的，因而對於我們在這可能的實在之無邊廣野中去尋求那適合於我們的最大綜量（最高實在）亦是無用的；復次，在想特別去分清我們現在所要說及者之實在與每一其他實在之不同上，它亦不可免地要落於兜圈子中，它不能避免默默預設它所要去說明的那道德；縱然如此，它還是比神學的觀點較為可取。〔註10〕

又說：

> 它至少把這問題底決斷（裁決）從感性上撤回，而把它帶至純粹理性底法庭上；縱然在這裏它亦並未決定什麼，可是它畢竟保存了這不確定的理念（一個「其自身為善」的意志之不確定的理念），使它免於腐蝕，直至其將更準確地被界定為止。〔註11〕

〔註7〕　《朱子語類》（臺北：文津出版社，1986年），卷73，頁1857。
〔註8〕　同前註，頁1852。
〔註9〕　同前書，卷94，頁2366。
〔註10〕　康德：《道德底形上學之基本原則》，見牟宗三譯註：《康德的道德哲學》，頁89。
〔註11〕　同前書，頁90。

由康德這兩段話可知，從「存有論的圓滿」之概念所引申之道德原則，雖截斷感性經驗之流，而具有超越、純粹性，但它並未決定什麼，只是一個空洞而不確定的理念。嚴格地說，它仍不是一道德法則、實踐法則，因它仍是基於他律概念下而被取用的。並不具有真正道德意義。因此，我們也可以說，朱子以「事理當然之極」（超越的存在之理）來規定的「至善」，亦是一空洞而不確定的理念。蓋若「至善」只是一超越的存在之理，而不內在於吾心，則仍是析心與理爲二。如是，一來吾人對於朱子所謂「事事物物皆有定理」之「定理」（即「至善」）的瞭解，將會是空洞而無內容的。陽明早歲之格竹子，沈思其理而不得，即是一例。二來儘管朱子確保了「理」的先驗性、超越性、純粹性，但畢竟「理」對於「心」是一綜合關係，沒有必然性。換言之，心、理若爲二，「理」上的「應當」並不等於吾「心」之「自願」（自悅）。因此，即使吾心真能認知到此「理」，但吾心是否會依理而做出道德行爲是不必然的。故陽明評朱子云：「外心以求理，此知行之所以二也。」〔註12〕如此一來，道德實踐便無真實之動力，此當爲朱子所無法避免的問題。故陽明解答徐愛之疑難時，必徹底扭轉朱子格物窮理以求至善的工夫入路（義外），正面言：至善是心之本體。

所謂「至善是心之本體」，不是指在心之外尚有一懸空抽象的本體謂「至善」；而是指：至善即是心之當體自己，亦即至善是心之最內在的自性本性。換言之，心即是至善。因此，陽明謂：「至善之在吾心而不假於外求。」〔註13〕蓋依陽明之意，「心」即是超越的道德本心，而「至善」無形體可言，無方所可定，必須在道德本心之活動中呈現，通過道德實踐來當下肯認，故陽明強調：「至善是心之本體，只是明明德到至精至一處便是，然亦未嘗離卻事物。」〔註14〕「至善只是此心存乎天理之極便是。」〔註15〕於此意義下，陽明亦言「心之本體即是天理」。〔註16〕如是，至善、天理，名異而實同，皆不是一客觀認知的對象，而是主體（心）的自我活動、自我呈現。析言之，當道德本心活動時，即決定吾人應當如何行動之道德法則（理），此法則是一無條件的命令（至善，無一毫人欲之私），其本身是一形式的命令，無任何經驗內容，故本心必即於事物

〔註12〕《傳習錄》中：〈答顧東橋書〉，133。
〔註13〕《全書》，第3冊，卷26，〈大學問〉，頁3a。
〔註14〕《傳習錄》上：2。
〔註15〕《傳習錄》上：4。
〔註16〕《傳習錄》上：41、96；《傳習錄》中：145。

而求實現其自發的命令，所謂：「理也者，心之條理也。是理也，發之於親則爲孝，發之於君則爲忠，發之於朋友則爲信。千變萬化，至不可窮竭，而莫非發於吾之一心。」〔註17〕據此，孝、忠、信等皆謂之「天理」，皆是「至善」，均是道德本心自體之實性的呈現，即呈現即是理。一言以蔽之，心即理。

三、至善只求諸心

陽明雖言「至善是心之本體」、「至善之在吾心而不假外求」，千言萬語，勉人在心上做工夫。但其弟子仍囿於程、朱舊說，圍繞「至善」問題而不斷問難。而陽明對此諸多疑難的辯明，尤助於吾人了解其「心即理」之切義。

> 鄭朝朔問：「至善亦須有從事物上求者？」先生曰：「至善只是此心存乎天理之極便是。更於事物上怎生求？且試說幾件看。」朝朔曰：「且如事親，如何而爲溫凊之節，如何而爲奉養之宜，須求箇是當，方是至善，所以有學問思辨之功。」先生曰：「若只是溫凊之節、奉養之宜、可一日二日講之而盡，用得甚學問思辨？惟於溫凊時，也只要此心純乎天理之極。奉養時，也只要此心純乎天理之極。此則非有學問思辨之功，將不免於毫釐千里之繆，所以雖在聖人，猶加精一之訓。若只是那些儀節求得是當，便謂至善，即如今扮戲子扮得許多溫凊奉養的儀節是當，亦可謂至善矣。」（《傳習錄》上：4）。

鄭朝朔以事親爲例，本朱子《大學或問》之言，認爲求得溫凊奉養的儀節是當即是至善，故「至善亦須有從事物上求者」。依鄭朝朔之意，「至善」是透過對客體的具體事實的了解，所歸納出的行動原則，此原則似是有形體可指，有方所可定，有經驗內容可識（故陽明以戲子扮得許多溫凊奉養的儀節是當喻之）。析言之，就事親而言，先將親視爲一客觀的認知對象，或知其身體狀況，或察其生活習慣，或觀其喜怒哀樂……等，而成一知親的知識。據此，歸納出「如何爲溫凊之節，如何而爲奉養之宜」的原則，而吾人行爲再依之而行，求個是當，此即鄭朝朔所謂的「至善」。換言之，求孝之理於其親也。

但鄭朝朔以即物窮理所了解的「至善」，與朱子即物窮理所欲窮得的「至善」是不同的。朱子的「至善」是事物當然之極則的「存在之理」，此理是形而上的，只是純一而非多，其自身無迹，亦無曲折之內容。而鄭朝朔所認爲

〔註17〕《全書》，第 1 冊，卷 8，〈書諸陽伯卷〉（甲申），頁6a。

的「至善」，顯然是經過歸納的程序而來的普遍化之理（普遍原則、一般通例），此歸於形而下的「形構之理」，是經驗知識的類概念，是雜多而非純一。言至此，遂逼顯出：同是即物窮理，何以所了解的「至善」不同？鄭朝朔何以對朱子之「至善」不能善解？抑或朱子以格物窮理以求至善已不的當？

就朱子而言，格物窮理之目的在於明德性之理，其目標乃指向道德行為上的「止於至善」。然而依朱子格物窮理的認知方式，所窮究的是從超越的「存在之理」來規定的「至善」，這也是一空洞不確定的理念，本身無法決定吾人應當作什麼，實不切道德的真義。嚴格地說，朱子格物窮理對於成就德性之知，並無積極的意義。然而在成就經驗知識（見聞之知）上卻有積極的意義。但程、朱言格物窮理並未作此分別，常混在一起說，〔註 18〕故造成對道德理解的混淆與歧出。如鄭朝朔以經驗知識中之「如何為溫凊奉養之儀節」來理解朱子之「至善」即是一例。然而鄭朝朔之不善解，其過可歸於朱子分析之不詳盡，甚至可說，此過可源於朱子對道德本性的理解不透徹。由朱子以格物窮理求道德上的「至善」，足見朱子對「德性之知」並未有明確的概念。故陽明為鄭朝朔釋疑時，除一再點醒「至善只是此心純乎天理」外，還必須面對格物窮理所帶出的「溫凊之節、奉養之宜」等經驗知識加以定位，方能完全破除朱子求至善於事事物物，析心與理為二之重重障蔽，其「心即理」之義蘊方能顯示出來。

陽明認為：「若只是溫凊之節，奉養之宜，可一日二日講之而盡，用得甚學問思辨？」陽明之意，對成就「德性之知」而言，「溫凊之節，奉養之宜」等經驗知識，本質上是不相干的，因為「德性之知」與「聞見之知」各有其獨立之領域。而陽明之言溫凊奉養之儀節，可一日二日講之而盡，此說未必如勞思光先生所理解的，認為陽明以溫凊奉養等等「事理」本身簡單而易知，不需講求。〔註 19〕實則陽明之意，乃指經驗知識如「溫凊之節，奉養之宜」是透過歸納而得，故「一日二日可講之而盡」。蓋陽明與鄭朝朔所討論的是「至善」、德性之知的問題。於此，陽明毋須措意於「認知活動之獨立領域」之問題。而就德性之知言，「此心純乎天理之極」是「根」，溫凊定省之經驗知識是「枝葉」，本末之分際不可混淆。此義於答徐愛之問，更可清楚地看出：

愛問：「至善只求諸心。心恐於天下事理有不能盡。」先生曰：「心

〔註 18〕 牟宗三：《心體與性體》，第 1 冊（臺北：正中書局，1984 年），頁106。
〔註 19〕 勞思光：《中國哲學史》，第 3 卷上（香港：友聯出版社，1980 年），頁446。

即理也。天下又有心外之事，心外之理乎？」愛曰：「如事父之孝、
事君之忠、交友之信、治民之仁，其間有許多理在，恐亦不可不察。」
先生歎曰：「此說之蔽久矣！豈一語所能悟？今姑就所問者言之：且
如事父，不成去父上求箇孝的理？〔……〕都只在此心，心即理也。
此心無私欲之蔽，即是天理，不須外面添一分。以此純乎天理之心，
發之事父便是是孝〔……〕只在此心去人欲、存天理上用功便是。」
愛曰：「〔……〕如事父一事，其間溫凊定省之類，有許多節目，不
知亦須講求否？」先生曰：「如何不講求？只是有箇頭腦，只是就此
心去人欲存天理上講求。就如講求冬溫，也只是要盡此心之孝，恐
怕有一毫人欲間雜〔……〕。此心若無人欲，純是天理，是箇誠於
孝親的心，冬時自然思量父母的寒，便自然要求箇溫的道理〔……〕
這都是那誠孝的心發出來的條件。卻是須有這誠孝的心，然後有這
條件發出來。譬之樹木，這誠孝的心便是根，許多條件便是枝葉。
須先有根，然後有枝葉。不是先尋了枝葉，然後去種根〔……〕」

（《傳習錄》上：3）

這一段話，顯然涉及到道德行為方向與道德行為內容之知識問題。前者如陽
明所云「至善只在吾心」、「心即理」，屬意志律，是行為的形式因；而後者如
徐愛所云「天下事理」、「如事父之孝〔……〕其間有許多理在」、「溫凊定省
之類，有許多節目」，此皆為知識上的事物律，是行為的材質因。〔註20〕然陽
明與徐愛所討論的仍是德性問題，故陽明回答徐愛之疑難，乃直接就道德本
性而言之道德行為方向、應然法則著眼，當下豁醒「心即理」之義。由於事
事物物只是道德行為所涉及的對象，而行為之道德法則只求諸心，故云：「天
下又有心外之事，心外之理乎？」進而強調：「只在此心去人欲，存天理上用
功便是。」然而陽明並非不知：每一道德活動須有一知識活動與之相應，故
對於徐愛所謂「溫凊定省」之「事理」，陽明並未忽視，故云：「如何不講求？」
只是在面對由認知活動所供給之「事理」時，我們應該如何作出行動，最後
是由「心即理」之本心作最後裁決的，因此陽明又云：「只是有箇頭腦，只是
就此心去人欲存天理上講求。」此本末輕重之分際，陽明屢次強調，如其云：
「文公格物之說，只是少頭腦，如所謂『察之於念慮之微』，此一句不該與
『求之文字之中』，『驗之於事為之著』，『索之講論之際』混作一例看，是無

〔註20〕牟宗三：《王陽明致良知教》（臺北：中央文物供應社，1980 年），頁34。

輕重也。」〔註21〕又云：「凡某之所謂格物，其於朱子九條之說，皆包羅統括於其中。但為之有要，作用不同，正所謂毫釐之差耳。然毫釐之差，而千里之謬，實起於此，不可不辨。」〔註22〕由此可見，陽明並未忽視屬具體道德行為內容之「事理」，陽明所要申明的是為學頭腦、德性之知與聞見之知的本末之別，如「求之文字之中」、「驗之於事為之著」、「索之講論之際」皆是認知活動下的「聞見之知」，與「察之於念慮之微」的「德性之知」，不當混作一例。而於道德活動中，二者實有本末之分，故陽明屢次強調「為學頭腦」。

進一步依陽明對徐愛之答語看，其要點有二：〔註23〕

1. 有孝親之心，便自然思量父母之寒熱。

2. 有如此之「思量」，便自要求溫凊的道理。

就第一論點看，有孝親之心，方有孝親之行為出現。但此「無人欲，純是天理」的孝親之「心」，不僅是孝親之行為的根源與動力，它尚不容已地（自然思量）要求此道德行為的完成。換言之，孝親之「心」是孝親行為的「立法者」（決定方向），也是「執行者」（負責道德行為的完成）。如是，孝親之心的「思量」雖是一形式命令，但本心為求實現此命令，舉凡涉及父母寒熱之溫凊的「道理」（特殊之事理、經驗知識），本心亦自然要求得知，此即是第二論點。就第二論點看來，陽明認為「溫凊的道理」等認知活動的經驗知識，亦是在孝親之心的思量中所作的自然要求。因此，吾人所獲「溫凊」等知識之正確、謬誤與否，亦為孝親之「心」所關切、所要求。顯然地，此處有一認知活動的獨立領域存焉。然而陽明只措意於認知活動所得之知識，須馬上收攝於道德本心。至於有關經驗知識如何能攝入道德本心中而加以分解，予以安置，陽明並未詳細分解。〔註24〕因此，我們也許可以說陽明心目中無「認知活動之獨立領域」，〔註25〕但不能說陽明只「講求」此「心」之方向，而不「講求」事理之了解。〔註26〕依陽明之意，具體道德行為內容在事理上的正確與否，均在道德本心的「自然要求」中，如何不講求呢？只是前者為「枝

〔註21〕《傳習錄》下：234。

〔註22〕《傳習錄》中：〈答羅整菴少宰書〉，175。

〔註23〕勞思光：《中國哲學史》，第3卷上，頁444。

〔註24〕此分解詳見牟宗三：《從陸象山到劉蕺山》（臺北：臺灣學生書局，1984年）一書附錄：〈致知疑難〉，頁245～265。

〔註25〕勞思光：《中國哲學史》，第3卷上，頁446。

〔註26〕同前書，頁445。

葉」，後者爲「根」；根不立，何枝葉之有？此義我們尙可透過陽明的另一段話，了解得更透徹。陽明云：

> 夫舜之不告而娶，豈舜之前已有不告而娶者爲之準則，故舜得以考之何典，問諸何人，而爲此邪？抑亦求諸其心一念之良知，權輕重之宜，不得已而爲此邪？武王之不葬而興師，豈武之前已有不葬而興師爲之準則，故武得以考之何典，問諸何人，而爲此邪？抑亦求諸其心一念之良知，權輕重之宜，不得已而爲此邪？使舜之心而非誠於爲無後，武之心而非誠於爲救民，則其不告而娶與不葬而興師，乃不孝、不忠之大者。而後之人不務致其良知，以精察義埋於此心感應酬酢之間，顧欲懸空討論此等變常之事，執之以爲制事之本，以求臨事之無失，其亦遠矣。（《傳習錄》中：〈答顧東橋書〉，139）

娶妻須告父母，父死子應葬，此皆爲人子所應爲之事。但若告之父母，則不得妻，必將無後也，此誠大不孝。〔註 27〕而武王若不及時出兵伐紂，恐時機一失，救民之大業未竟，不能繼文王之志，亦是不忠。因此，權衡輕重之下，舜不得已乃「不告而娶」，武王只好「不葬而興師」。此中之權衡輕重，自有對事勢了解之知識在，但之所以會作出如此決定，則是由良知當下裁決的。由於舜與武王皆「此心純乎天理之極，而無一毫人欲之私」，故能不顧世人可能加諸其身之不孝、不忠之譏，而作出此斷然的道德判斷。設若當時他們存心不純粹，稍有遲疑，不僅不能作出此決斷，甚或將淪爲大不孝、大不忠。因舜若是爲娶妻心切，而武王若也是爲滿足其權力欲的話，即使可能作出「不告而娶」、「不葬而興師」之決定，然此行爲卻是「不孝、不忠之大者」。〔註 28〕由此可知，行爲是否具有道德意義，是從純乎天理之極而無一毫人欲之私的「道德本心」來分判。換言之，道德本心（良知）即是準則，而於此本心不容已之要求下的知識問題，乃屬第二義。

經此本末輕重之辨明與定位後，方能徹底釐清朱子析心與理爲二所帶來的混淆與糾纏，而陽明之言「至善之在吾心」、「心即理」，乃確然而不可移。

〔註27〕 孟子曰：「不孝有三，無後爲大。舜不告而娶，爲無後也，君子以爲猶告也。」（《孟子‧離婁篇》）

〔註28〕 此段義理疏解參楊祖漢：〈孟子與告子義內義外之辯論〉（《華岡文科學報》，第 16 期〔1988 年 5 月〕）一文。

四、心外無理

經由陽明對朱子析心與理爲二之層層遮撥，已逼顯出陽明「心即理」之義蘊，而其主要核心論點仍定在孟子之仁義內在於心，強調意志底自律，道德法則、道德行爲皆由主體（心）決定。故依據「仁義內在」之基本義理，我們可以理解陽明所謂「心外無理」之義：

> 夫物理不外於吾心。外吾心而求物理，無物理矣。遺物理而求吾心，
> 吾心又何物邪？心之體，性也。性即理也。故有孝親之心，即有孝
> 之理；無孝親之心，即無孝之理矣。〔……〕理豈外於吾心邪？
> 〔……〕心一而已，以其全體惻怛而言，謂之仁。以其得宜而言，
> 謂之義。以其條理而言，謂之理。不可外心以求仁，不可外心以求
> 義，獨可外心以求理乎？（《傳習錄》中：〈答顧東橋書〉，133）

這一段話是陽明解答顧東橋「恐其專求本心，遂遺物理」之疑時，所提出的看法，其要旨在於「心外無理」。陽明認爲「物理不外於吾心」，依其下文所云「故有孝親之心，即有孝之理」看來，陽明所謂「物理」乃是指道德法則，故道德法則不外於吾心，道德法則實由吾心所自發，故「外吾心而求物理，無物理矣」。而吾心之活動只依其所自發自立之道德法則而呈現，所以陽明乃言：「遺物理而求吾心，吾心又何物邪？」換言之，心即是理，理豈外於吾心？陽明進而從仁義內在於心說明此義。由於道德本心是一，其在種種特殊之機緣上，便表現爲各種實在性（如仁、義），然每一實在性皆是心之當體自己，故仁、義、理皆是一心。而就心之表現爲「條理」而具法則性而言，則可謂之「理」。既然「不可外心以求仁，不可外心以求義」，就不可外心以求理。明乎此義，則自可肯斷「心外無理」，也可以說：心即理。

又另一處，陽明也引朱子之語，申明「心外無理」之義，陽明云：

> 「虛靈不昧，眾理具而萬事出」。心外無理，心外無事也。（《傳習錄》
> 上：32）

根據朱子《大學章句》「明德者，人之所得乎天，而虛靈不昧，以具眾理而應萬事者也」，此章句著重說「心」，〔註29〕意即「心」得乎天之秀氣而具自然的心知之明，而此心能認知地具眾理而應萬事。但依朱子之系統，絕不能說「心即理」。而陽明乃是本「心即理」之義理而引朱子語，故其實義迥異於朱

〔註29〕牟宗三：《心體與性體》，第 3 冊，頁370。

子。陽明之「虛靈不昧」乃指本心之明覺，而此明覺之本心即人之所得乎天之性（本心即性），此即吾人本有之自發、自律、自定方向之性體（亦即道德創生之實體）；故本心「本具」眾理，而創造（道德的創造）出「萬事」。據此，陽明言「心外無理」意即「無心外之理」，亦即是「心即理」。而「心外無事」意即「無心外之事」，但不是指心即是事，而是意謂「萬事」與「本心」一起呈現。值得注意的是，此處陽明引朱子之語來說「心外無理」、「心外無事」，似乎此理不僅止於道德之理，它尚是擔負天地萬物存在的「存在之理」（因朱子之「心」所具之眾理是超越的存在之理），如此一來，「心外無理」、「心外無事」皆具存有論之意義。而上溯象山言「心即理」之絕對普遍而充塞宇宙之深義，再衡諸陽明屢言「良知之大理」，及「大理即是良知」〔註30〕、「天理即是明德」〔註31〕、「良知是造化的精靈」〔註32〕等豐富含義來看，陽明言「心外無理」也是一存有論的肯斷。

　　因此，陽明言「心外無理」乃「心即理」之義，其義理核心本仁義內在於心來了解；但當道德本心充其極而為無限心時，「心外無理」之「理」則是存有論意義之「存在之理」。而勞思光先生以為陽明之「理」只限於道德之規範義，而未明確包含形上意義或宇宙意義上之「規律」，〔註33〕此說實有待商榷。至於陽明「心外無理」是一存有論的肯斷，將由第三章論及良知之絕對性即可明之，茲不贅述。

第二節　「良知」概念之形成

　　衡諸陽明的思想發展，「心即理」重在遮撥朱子析心與理為二之弊，可說是消極地「破」的工作；至於正面積極的進路，則在「良知」之重新分解地有所「立」。因此，陽明視良知為「千古聖聖相傳一點滴骨血」、「本是學者究竟話頭」，〔註34〕更說：「除却良知，還有甚麼說得？」足見陽明立說，原以「良知」為唯一樞紐觀念。〔註35〕換言之，陽明的中心思想是良知。

〔註30〕《傳習錄》下：284。
〔註31〕《傳習錄》上：5。
〔註32〕《傳習錄》下：261。
〔註33〕勞思光：《中國哲學史》，第3卷上，頁448～449。
〔註34〕《年譜》，正德十六年辛巳，先生五十歲。
〔註35〕勞思光：《中國哲學史》，第3卷上，頁441。

　　前已述及，陽明所謂「良知」，實本於孟子，但其含義卻比孟子原初意義更為豐富，是義理的進一步發展。故自客觀義理言，陽明之「良知」如何形成，必須關聯著孟子四端之心來探討。因在孟子思想中，四端之心以「仁」為主，「知」只是末德；而陽明卻將「知」提升上來以綜括孟子所言的四端之心，〔註36〕則「良知」，乃相當於「仁」的地位。此中義理發展，自有脈絡可尋。

一、陽明之前，以「仁」綜括四端之心

　　儒家之智慧方向，由孔子之言「仁」而開示。孔子言「仁」，主要由不安、不忍、憤悱不容已之指點來開啟人的真實德性生命；〔註37〕而對於客觀面的性與天道，聖人不以智測，〔註38〕而由道德實踐的進路，踐仁以知天，故孔子開主體之門而闢價值之源。自是而後，中國哲學之重點落在主體性與道德性，「仁」成為儒學的樞紐概念，「仁」代表真實的主體性，是道德實踐所以可能之根據。

　　洎乎孟子，主張仁義在內，即心說性而道性善。孟子乃將孔子之「仁」之發現處分解地立為四端之心，其言云：

> 所以謂人皆有不忍人之心者：今人乍見孺子將入於井，皆有怵惕惻隱之心，非所以內交於孺子之父母也，非所以要譽於鄉黨朋友也，非惡其聲而然也。由是觀之，無惻隱之心，非人也；無羞惡之心，非人也；無辭讓之心，非人也；無是非之心，非人也。惻隱之心，仁之端也；羞惡之心，義之端也；辭讓之心，禮之端也；是非之心，智之端也。（《孟子·公孫丑篇》上）

在孟子即心言性諸例中，此例最為精彩、警策。但孟子於此文中，仍承孔子由不安、不忍指點「仁」之方式，從怵惕惻隱強調本心的當下自然呈現。由此推而擴之，則有惻隱、羞惡、辭讓、是非之四種不同呈現。要之，「仁、義、禮、智」即是道德本心、真實生命。猶有進者，孟子以「仁、義、禮、智」四德言心，能使道德上的當然之理，由「仁、義、禮、智」之心之感應於一一事變之曲當，而為具體特殊之表現。因此，孟子的四端之心，能表示道德

〔註36〕牟宗三：《從陸象山到劉蕺山》，頁217。

〔註37〕牟宗三：《圓善論》（臺北：臺灣學生書局，1985年），頁255。

〔註38〕《論語·公冶篇》：「子貢曰：『夫子之文章，可得而聞也；夫子之言性與天道，不可得而聞也。』」

本心之具體創發性與泛應曲當性。〔註39〕

　　然而值得注意的是，孟子常喜就怵惕惻隱、不安來指點本心，〔註40〕即從心之表現為情（此「情」不是感性之情，而是「惻然有所覺」之覺情）說本心。足見「四端之心」中，孟子仍以「仁」為本，「是非之心，智也」之地位不若「仁」來得顯豁。

　　孟子之後，《中庸》言誠體，《易傳》言乾道變化，降至宋儒盛發天道性命相貫通之勝義；其立言分際上雖有誠體、神體、道體、性體、心體之不同，而其真實內容皆同於本心仁體。故在陽明之前，儒者論及道德實踐之所以可能的根據，皆以「仁」為核心觀念；此可由程明道〈識仁篇〉的綜括為代表。其言云：

　　　　學者須先識仁。「仁者」渾然與物同體。義、禮、智、信皆仁也。
　　　　識得此理，以誠敬存之而已。不須防檢，不須窮索。若心懈，則
　　　　有防。心苟不懈，何防之有？理有未得，故須窮索。存久自明，
　　　　安待窮索？此道與物無對。大，不足以明之。天地之用皆我之用。
　　　　孟子言「萬物皆備於我」，須「反身而誠」，乃為大樂。若反身未
　　　　誠，則猶是二物有對，以己合彼，終未有之，又安得樂？〈訂頑〉
　　　　意思，乃備言此體。以此意存之，更有何事？「必有事焉而勿正，
　　　　心勿忘，勿助長」，未嘗致纖毫之力，此其存之之道。若存得，便
　　　　合有得。蓋良知良能元不喪失；以昔日習心未除，却須存習此心，
　　　　久則可奪舊習。此理至約，惟患不能守。既能體之而樂，亦不患
　　　　不能守也。〔註41〕

依明道之意，「須先識仁」是道德實踐所以可能之本質的關鍵，「誠敬存之」則是道德行為之純亦不已的簡易工夫。而明道所言之「仁」，義蘊豐富：「仁」是「理」，是「道」，是「心」，是「體」（本體）；故仁理、仁道、仁心、仁體，名異而實同。

　　析言之，「識得此理，以誠敬存之而已」，此是說仁為「理」，故可曰「仁理」。「此道與物無對，大不足以明之」，此是說仁為「道」，故可曰「仁道」。

〔註39〕牟宗三：《王陽明致良知教》，頁45。
〔註40〕陳特：〈由孟子與陽明看中國道德主體哲學的方法與特性〉，《新亞學術集刊》，
　　　　第3期（1982年），頁46。
〔註41〕《二程集》，上冊，《河南程氏遺書》，卷2上，二先生語二上，頁16～17。呂
　　　　與叔東見二先生語。

「萬物皆備於我」、「蓋良知良能元不喪失」，此是就「心」說仁，故亦可曰「仁心」。至於「仁體」，則須由「仁者渾然與物同體」之境界來了解。明道嘗云：「欲令如是觀仁，可以體仁之體。」〔註42〕又云：「學者識得仁體，實有諸己，只要義理栽培。」〔註43〕因仁是人人具有的眞實生命，而亦遍體一切而「與物無對」，故曰：「仁者渾然與物同體。」此言仁者與天地萬物爲一體，渾然無物我內外之分，便是仁之境界。換言之，由「仁者」與天地萬物爲一體之境界可了解「仁體」的實義。

然而「仁體」之實義何以是如此？明道進一步由兩方面作更具體而眞實的了解。一是「須反身而誠，乃爲大樂。若反身未誠，則猶是二物有對，以己合彼，終未有之，又安得樂？」二是「醫書言手足痿痺爲不仁，此言最善名狀。仁者以天地萬物爲一體，莫非己也。」〔註44〕前者是孟子之言，後者則爲明道所獨悟。因就「醫書言手足痿痺爲不仁」說「仁者以天地萬物爲一體」之義，則「仁」之義便是感通無隔、覺潤無方。而一說感通覺潤，自不能從原則上劃定一界限，其極必「以天地萬物爲一體」，此即仁之所以爲「仁體」。

從感通覺潤言，即表示仁是一無限心，遍潤一切而與物無對，具絕對的普遍性。而仁心之感通覺潤即直接函著健行不息，純亦不已的創生義。故明道言「仁」之感通覺潤義，是消化孔子由不安指點仁而眞切地體貼出來。準此，仁體與「維天之命，於穆不已」之天命流行之體合而爲一。天命不已是客觀而超越地說；仁心、仁體則由當下不安、不忍、憤悱不已而啓悟，是主觀而內在地說。主、客觀合一，是謂「一本」。〔註45〕

總之，明道之〈識仁篇〉已充分彰顯仁之全部義蘊，「仁」不僅是一切德性的根源，也是一切存在的根源。因此，陽明之前，關於道德實踐所以可能之根據的分解，盡繫於「仁」。

二、洎乎陽明，以「知」綜括四端之心

在儒學義理發展上，對於道德實踐所以可能之根據的分解，陽明提揭「良知」以取代「仁」的地位，可謂一大創見。以下，我們便由陽明如何以「良

〔註42〕同前書，頁15。亦注一「明」字，示爲明道語。
〔註43〕同前註。元豐己未，呂與叔東見二先生語。
〔註44〕同前註。
〔註45〕本文明道〈識仁篇〉之義理疏解參牟先生之說而寫成，詳參氏著：《心體與性體》，第 1 冊，頁219～224。

知」來統攝孟子四端之心的分解中，闡明此義。

　　陽明所謂「良知」，實即孟子四端之心中的「是非之心」。此「是非之心，智也」只是惻隱、羞惡、辭讓、是非等四端之心中的一種，孟子並未加以詳盡的分析或說明，也未將其視為中心概念。因孟子較著重由不忍人之心、怵惕惻隱之心說「仁」，「知」並未受到重視。但陽明卻由「是非之心」說「良知」，以「知」為心之本體，為天命之性，著重其虛靈明覺之用。如是，一切德性之根源皆由此心體（良知）所發，所謂：「知是心之本體，心自然會知。見父自然知孝，見兄自然知弟，見孺子自然知惻隱，不假外求。」〔註46〕又說：「遇父便謂之孝，遇君便謂之忠，自此以往，名至於無窮。」〔註47〕這樣一來，「仁、義、禮、智」不再分說，良知不但知是非，推而廣之，知仁、知義、知禮。因此，陽明乃以「良知」綜括孟子四端之心。陽明云：

> 良知只是一箇天理自然明覺發見處，只是一箇真誠惻怛，便是他本體。故致此良知之真誠惻怛以事親便是孝，致此良知之真誠惻怛以從兄便是弟，致此良知之真誠惻怛以事君便是忠。只是一箇良知，一箇真誠惻怛。（《傳習錄》中：〈答聶文蔚〉，189）

此是以「真誠惻怛」說良知。從「惻怛」方面言是「仁之端也」，從「真誠」處說，則是恭敬之心，禮也。故「惻隱之心」（仁）、「恭敬之心」（禮）就收攝於良知之「真誠惻怛」。陽明又云：

> 良知只是箇是非之心，是非只是箇好惡。只好惡就盡了是非，只是非就盡了萬事萬變。是非兩字是箇大規矩，巧處則存乎其人。（《傳習錄》下：288）

據此，陽明把孟子所說的「是非之心，智也」與「羞惡之心，義也」綰合在一起，收於良知上講，是非之「智」即是好惡之「義」。因此，孟子並列而言的「仁、義、禮、智」四端之心，只是一個良知。而較之於孟子，陽明將「是非之心」上提，特別標舉良知之明覺、自定方向準則之義，故云「良知只是箇是非之心」、「只是非就盡了萬事萬變」。

　　實則，就「仁、義、禮、智」四端而言，任一端皆可綜括其他三端，如陽明即曾就「禮」來通貫其他三端，其言云：

> 禮也者，理也。理也者，性也。性也者，命也。維天之命，於穆不

〔註46〕《傳習錄》上：8。
〔註47〕《傳習錄》上：38。

已，而其在於人也，謂之性。其粲然而條理也，謂之禮。其純然而粹善也，謂之仁。其截然而裁制也，謂之義。其昭然而明覺也，謂之知。其渾然於其性也，則理一而已矣。故仁也者，禮之體也；義也者，禮之宜也；知也者，禮之通也。〔註48〕

此外，西哲康德言道德，尤重「義務」，依此，「義」亦可通貫其他三端。因此，仁、義、禮、智四端中，任一端皆可以上提而代表道德本心。

　　然而陽明何以偏重「是非之心」，而以「知」統攝四端呢？因就吾人本心之自我覺動而關涉著行動言，吾人首先意識到的即是行為方向之裁決：應該不應該，或行動之得當不得當，此即是道德上的「是非」。而此「是非」不是知識命題的真假值，而是就道德上的「當然之理」而言。但就「當然之理」而言「是非」，此當然之理並不是個抽象的概念，故必通於仁、義、禮、智來表現。舉凡發心動念之仁不仁、義不義、禮不禮、智不智，皆有是非善惡當然之理存焉。此當然之理俱賴「良知」之知來決定，良知之知是一個最後的決定是非善惡之標準。「故良知之知與決定，即一方引生出仁、義、禮（甚至智）之實，一方即越乎仁、義、禮（甚至智）之上而通徹於仁、義、禮、智，以彰明心之為仁、義、禮、智四德甚至無量德俱備之心，以保住心之純粹至善無對性。」〔註49〕因此，陽明將「知」（智）冒上來而通徹於仁、義、禮中，而言良知之知與決定，實使心之全德乃至全體大用一時俱活，而知善知惡，為善去惡之致良知工夫始有下手處。故陽明嘗云：「吾良知二字〔……〕一語之下，洞見全體，真是痛快，不覺手舞足蹈，學者聞之，亦省却多少尋討工夫。學問頭腦，至此已是說得十分下落。」〔註50〕

　　經由以上分析，我們再將孟子四端之心與陽明之良知相比較，可以發現：孟子仁、義、禮、智並列而言，雖已能表示道德本心之具體創發性與泛應曲當性，但尚未能彰著出本心之表現當然之理於是非善惡上，且內在地自樹立其標準或準則性。而陽明將智冒上來而言良知，通徹於心德之全部，不但能彰著道德本心之具體創發性與泛應曲當性，而且能彰著於其是非善惡上之內在地自樹立其準則性，故牟宗三先生指出：

良知之點出，則當然之理不只是泛然的「應當」，而且於感應事變

〔註48〕《全書》，第 1 冊，卷 7，〈禮記纂言序〉，頁12b。
〔註49〕牟宗三：《王陽明致良知教》，頁44。
〔註50〕《傳習錄》拾遺：10。

上，發心動念，良知自然超越地先天地知而且決定何者爲是，何者
爲非，何者爲善，何者爲惡，而內在地自作斷制，自立準則。此在
此學問之講明上，自是推進一大步。此準則性一立，則價值之源與
價值主體乃爲不可搖動者。故孟子有功於聖門，而後來王陽明又是
一步有功於聖門也。〔註51〕

牟先生之言，道出陽明良知有進於孟子四端之心的實義。而唐君毅先生亦云:「中
國先哲如王陽明言良知，則重在言人之本來能知如何應當下之具體事物之當然
之理，而依之以行。自中國儒家人生思想以觀，人如原不能知如何應當下之具
體事物之當然之理，而依之以行，則人亦將無處而求得此道。」〔註52〕由此可
見，陽明之言「良知」，特別彰顯出吾人自能內在地自作斷制、自立準則、自定
方向之自主性，其主體意識顯然比孟子強。〔註53〕

　　猶有進者，由於陽明言良知特顯道德決斷，故與吾人具體的道德生活能
密切相連接。如是，當吾人作道德實踐時，當下便有個入路著力處，不致於
茫然無所從。故陽明揭「良知」，一語而本體、工夫當下俱透，所謂「體用一
源」。因此，黃梨洲云:「自姚江指點出『良知人人現在，一反觀而自得』，便
人人有個作聖之路。」〔註54〕誠有所見。

　　綜上所述，陽明之前，對於道德實踐所以可能之根據的分解，「仁」居於
首要的地位。然陽明之「良知」一出，不僅綜括了四端之心，且亦涵蓋了客
觀面所透顯之誠體、易道、天道。〔註55〕故不論主觀面或客觀面，俱歸一路 ——
—— 良知，此亦是一本。顯然地，陽明之「良知」取代了「仁」之重要地位。
由此可見，陽明言「良知」實是一突破性的創見。其義理發展脈絡，圖示於
下，以作爲本節之總結:

〔註51〕 牟宗三:《王陽明致良知教》，頁45～46。

〔註52〕 唐君毅:《中國文化之精神價值》（臺北:正中書局，1975年），頁159。

〔註53〕 陳特:〈由孟子與陽明看中國道德主體哲學的方法與特性〉,《新亞學術集刊》，
第3期，頁46。

〔註54〕 黃宗羲:《明儒學案》（臺北:華世出版社，1987年），卷10，〈姚江學案〉，頁
179。

〔註55〕 《傳習錄》下:265:「道即是良知」;《傳習錄》下:281:「誠是實理，只是
一個良知」;《傳習錄》下:340:「良知即是易」。

良知概念之形成

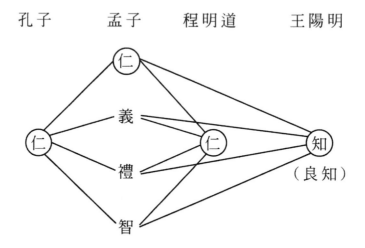

第三節 「良知」概念之分析

一、良知之先天性

「良知」是超越的道德本心，是先驗的道德理性，其呈現雖在經驗界的諸道德活動中，但其根源卻不是來自於後天的經驗，而是義理上的天定本有。良知是本然地有，先天地有，此即是良知的先天性。關於此義，陽明有如下的說明：

> 先生曰：「先天而天弗違，天即良知也；後天而奉天時，良知即天也。」
>
> （《傳習錄》下：287）

陽明舉《易傳》乾〈文言〉「大人者與天地合其德，與日月合其明，與四時合其序，與鬼神合其吉凶，先天而天弗違，後天而奉天時，天且弗違，而況於人乎？況於鬼神乎？」來說明良知的先天性。但細繹陽明之語脈，其牽合「先天而天弗違」、「後天而奉天時」來表達「天即良知」、「良知即天」之義，實未盡瑩。就乾〈文言〉之義，「先天而天弗違」乃就大人心性的創造之德言，此則先乎天地而存在，天亦不能違背之，人與鬼神更不能違背之。此義是《中庸》所謂：「君子之道本諸身，徵諸庶民，考諸三王而不謬，建諸天地而不悖，質諸鬼神而無疑，百世以俟聖人而不惑。」而「後天而奉天時」此則就大人之現實生活言，從大人為一現實個體存在說，其現實生活後乎天地而存在，

自不能違背自然之時序，此則與庶民共之，不故意違眾駭俗，此即「後天而奉天時」之義。準此而言，「先天而天弗違」，指出大人道德創造之先天性，大人之所以為大人的超越根據；而「後天而奉天時」則指大人之現實生活而為言。此二聯著重說明者皆不同，且此語句之主詞，一為大人心性的創造之德，一為大人之現實生活，而其所謂「先天」、「後天」之「天」，皆指形而下的自然之天。陽明據此而言「天即良知」，「良知即天」豈不謬乎？實則，陽明不必引〈文言〉之語，即可獨立地講「天即良知」、「良知即天」之義。因陽明之本義，「天」指形而上於穆不已之道體（非「先天而天弗違」之天），故「天即良知」意即：天命不已是良知之客觀而絕對地說；而「良知即天」則意謂：良知即是天命不已之主觀而實踐地說。〔註 56〕於此意義上，天命不已之為存有之實體，良知為人道德實踐之實體，實則良知亦即天命不已之發見處，故就其為體，其實一也。因此，良知之「先天本有」不是生物學上「與生俱來」之先天，而是理性意義之先天，其意思是：「使個體人之成為個體人而不為別的」之要素，〔註 57〕推而言之，萬物之成為萬物亦然。

　為此，陽明又以「天植靈根」來形容良知之先天性，《傳習錄》載云：

> 先生一日出遊禹穴。顧田間禾曰：能幾何時，又如此長了。〔……〕
> 先生曰：「人孰無根？良知是天植靈根，自生生不息。但著了私累，
> 把此根戕賊蔽塞，不得發生耳。」（《傳習錄》下：244）

陽明之意與孟子「牛山之木嘗美矣」之喻相同。孟子云：「雖存乎人者，豈無仁義之心哉？其所以放其良心者，亦猶斧斤之於木也。」（《孟子‧告子篇》上）一般人或著於私累私欲，放失其本心、良知而不知其本有，如是，懷疑良知究竟有沒有，亦成一問題。故孟子與陽明皆鄭重言本心良知之「先天本有」義，所謂「君子所性，仁義禮智根於心」、「仁、義、禮、智，非由外鑠，我固有之也」、「心之官則思〔……〕此天之所與我者」，莫不申明此義。而陽明以「天植靈根」為「良知」，可謂善喻，蓋良知不從後天經驗獲取，是「天植」；良知本身又不夾雜感性私欲之雜染，是「靈根」。吾人即以此為生命之根，以此為人之所以為人之體性，此即人之異於禽獸之幾希處。準此，良知是先天本有的，無庸置疑。猶有進者，陽明所言「良知之先天性」較諸西方倫理學中言「良心是先天的」之層次為高，二者不容混淆，因陽明所言之良

〔註 56〕牟宗三：《圓善論》，頁140～141。
〔註 57〕謝仲明：《儒學與現代世界》（臺北：臺灣學生書局，1986 年），頁82。

知與西方哲學家所言之良心，二者並非同質同層的概念。

　　析言之，西方用以指良心的名詞，多源自希臘文的 syneidesis 和拉丁文的 conscientia。二者都由前詞「偕同」及動詞「知覺」合成，原汎指人在生活中的意識或自覺。而作爲倫理術語之「良心」，其意義較原義有損有益：就「損」而言，它們由汎指意識或自覺進而專指道德方面的意識或自覺，意義受到進一步的限定；就「益」來說，它們原義僅涉及「知」，但是作爲倫理術語，其所指有時兼擴及人之情意。〔註 58〕於此意義下，西方哲學所指之「良心」（conscience）包括知、情、意三種機能（faculty），是指人類認識道德價值、誠命和法律的精神能力。〔註 59〕而就良心之「心」的不同機能言，其通性乃是意識（consciousness），如當我們說某人有意識時，意即指此人能思、能感、能欲，或至少能作其一。〔註 60〕顯然地，西方哲學家所言「良心」之層次，本質上是「以智識心」，〔註 61〕所理解之「心」，是屬形而下或氣之靈的「心」，必在自然層次（natural order）中，受自然因果（natural causality）所完全控制，在此範疇中，任何事或物必有其經驗的前件（antecedent）以爲其原因，舉凡認知心、情識心皆屬之。〔註 62〕於是，就認識論意義言，西方哲學遂有良知是先天的，抑或後天的問題。主張先天的，或採超自然說，以良心爲超自然的實在，是神所賦予的；或採自然說，認爲良心存於人之自然的本性，而非神所賦予。主張後天良心的爲經驗說，認爲良心的作用是由後天的經驗而發生。善惡的判斷，是社會生活上快樂、痛苦聯想的結果。良心的權威是由外面的權威，如法律制裁、輿論評判、宗教教條轉變而來的。有些人更認爲良心是人類爲生存，漸次習得而遺傳下來的人性傾向，主張人類的良心是由社會本身進化而成。〔註 63〕

　　儘管主張後天良心的經驗說不足取，而主張良心是先天的看法，亦不盡

〔註 58〕周克勤：《道德觀要義》，上冊（臺北：臺灣商務印書館，安道社會學社叢書，1970 年），頁200。

〔註 59〕布魯格編著，項退結編譯：《西洋哲學辭典》（臺北：國立編譯館，1976 年），頁98。

〔註 60〕謝仲明：《儒學與現代世界》，頁17。

〔註 61〕「以仁識心，表現道德主體，使人成爲道德的存在。以智識心，表現思想主體（或知性主體），使人成爲理智的存在。」此分別根據牟宗三先生《名家與荀子》（臺北：臺灣學生書局，1982 年），頁225。

〔註 62〕謝仲明：《儒學與現代世界》，頁15。

〔註 63〕參范錡：《倫理學》（臺北：臺灣商務印書館，1974 年），頁45。

是陽明所指良知之先天性。因不論孟子所言的四端之心，或陽明之良知，皆是「以仁識心」所理解之「心」，必在超越層次中（transcendental order），不隸屬於自然因果所控制之範圍，有其獨立因果體系，是超自然（supernatural），或本體（道）界，或形而上之「心」。〔註64〕經此對照後，實更能了解陽明言良知之先天性的意涵。

二、良知之常存性

　　明白陽明「天即良知」「良知即天」與「天命之性〔……〕即所謂良知」之義，則可知在陽明思想脈絡中，心、性、天諸概念名異而實同。心體是良知，良知亦即是道體，則良知有其永存而不可變之「常存性」，陽明云：

　　道無方體，不可執著，却拘滯於文義上求道遠矣〔……〕若解向裏尋求，見得自己心體，即無時無處不是此道。亘古亘今，無終無始，更有甚同異？心即道，道即天，知心則知道知天。（《傳習錄》上：66）

陽明指出道無方所、無定體，不可以智測，須反求於心，見得自己心體，即是道體，此與孟子「盡其心者，知其性也，知其性，則知天矣」（《孟子·盡心篇》上）之義相同，故云：「心即道，道即天，知心則知道知天。」而道體是亘古亘今，無始無終的永遠常存，心體亦然，此義於陽明〈稽山書院尊經閣記〉中，有詳盡的說明：

　　經，常道也。其在於天謂之命，其賦於人謂之性，其主於身謂之心。心也，性也，命也，一也。通人物，達四海，塞天地，亘古今，無有乎弗具，無有乎弗同，無有乎或變者也，是常道也。其應乎感也，為惻隱，為羞惡，為辭讓，為是非。其見於事也，則為父子之親，為君臣之義，為夫婦之別，為長幼之序，為朋友之信。是惻隱也、羞惡也、辭讓也、是非也，是親也、義也、序也、別也、信也，一也。皆所謂心也、性也、命也。通人物，達四海，塞天地，亘古今，無有乎弗具，無有乎弗同，無有乎或變者，是常道也。〔註65〕

此文是陽明晚年五十四歲所作，其義旨是：「四書五經，不過說這心體。」〔註66〕陽明認為經典所垂訓的是常道，此常道就其在天之大化流行言，名

〔註64〕謝仲明：《儒學與現代世界》，頁15。

〔註65〕《全書》，第 1 冊，卷 7，〈稽山書院尊經閣記〉，頁20a。

〔註66〕《傳習錄》上：31。

曰「命」；就其內具於吾人個體之存在言，謂之「性」；而就道體爲吾身視聽言動之主宰而言，即謂之「心」。三者名異而實同，其爲常道則一。至於常道之所以爲「常」，可從三方面了解：一是至高無上、極至義，引申爲根源之義，故云「無有乎弗具」；二是恆常不變之義，即指「無有乎或變者也」；三是平常、不特殊，乃人人所共由、所能行之道，此即「無有乎弗同」。常道如此，心體、良知亦然。舉凡惻隱、羞惡、辭讓、是非之心，與五倫之理，莫不是道體之妙運，莫不是心體之發用流行，良知之常存性顯焉，故能通貫人物、遍達四海、充塞天地、縣互古今也。換言之，心、性、命是常道，良知是常道。

以上是偏於道體而立言，若緊扣良知，陽明則強調：

> 天理在人心，亘古亘今，無有終始，天理即是良知。(《傳習錄》下：284)

又云：

> 良知之在人心，亘萬古，塞宇宙，而無不同。(《傳習錄》中：〈答歐陽崇一〉，171)

又云：

> 良知在人，隨你如何，不能泯滅。雖盜賊亦自知不當爲盜。喚他做賊，他還忸怩。(《傳習錄》中：207)

陽明指出人人皆有之良知，亦即是常道，亘萬古、塞宇宙，無論聖愚，良知未嘗不存，良知是超越的，永恆不變的。千百世之上，甚或千百世之下，良知在人心，無有不同，永遠常存。即使愚不肖者或作惡之盜賊，雖蔽昧甚矣，然其良知內在，自不會失，不能泯滅。由盜賊被喚爲賊，亦感忸怩的當下覺動中，吾人可知：「本體之知，自難泯息。」〔註67〕

由良知之亘萬古、塞宇宙，不能泯滅，吾人可進一步說明良知是不受時、空與範疇之限制，即不在自然因果的系列中，此即陽明弟子陸原靜所問及的動靜與良知之問題。陽明〈答陸原靜書〉中即偏向此問題的討論：

> 來書云：「良知亦有起處」云云。此或聽之未審。良知者，心之本體，即前所謂恆照者也。心之本體，無起無不起，雖妄念之發，而良知未嘗不在；但人不知存，則有時或放耳。雖昏塞之極，而良知未嘗不明，但人不知察，則有時或蔽耳。雖有時而或放，其體未嘗不在

〔註67〕《傳習錄》下：221

也，存之而已耳。雖有時而或蔽，其體未嘗不明也，察之而已耳。
若謂良知亦有起處，則是有時而不在也，非其本體之謂耳。（《傳習
錄》中：〈答陸原靜書〉，152）

依陸原靜前則來書所云「下手工夫，覺此心無時寧靜。妄心固動也，照心亦
動也。心既恆動，則無刻暫停也」的提問來看，所謂「良知亦有起處」之義，
似乎認為良知應物而動時，有起處（有發動）；若良知未應物之時，靜而無起
處（不發動）。如是，有起處時，良知在；無起處時，良知不在。此乃以現象
中良知之應事接物時的動靜相來了解良知本體，依此說法，良知乃受制於「動
而無靜，靜而無動，物也」〔註 68〕之物理法則，則良知有暫停之時。故陽明
乃答曰：「若謂良知亦有起處，則是有時不在也，非其本體之謂耳。」

　　另一方面，陽明也正面指出：良知即前則〈答陸原靜書〉中所謂之「恆
照」，此「恆照則恆動恆靜，天地之所以恆久而不已也〔……〕『其為物不
貳，則其生物不息』（本作「生物不測」），有刻暫停，則息矣。非『至誠無
息』之學矣。」〔註 69〕顯然地，陽明所謂「恆照」是從《中庸》論誠體之內
容而言的。《中庸》云：「故至誠無息，不息則久。久則徵，徵則悠遠，悠遠
則博厚，博厚則高明。博厚所以載物也，高明所以覆物也，悠久所以成物也。
博厚配地，高明配天，悠久無疆。如此者，不見而章，不動而變，無為而成。
天地之道，可一言而盡也：『其為物不貳，則其生物不測。』」（第 26 章）據
此，良知是誠體，天道之內容即由良知之至誠無息、純亦不已的道德創造中
來體會。良知如天地之道般的「博也、厚也、高也、明也、悠也、久也」。（同
上）如是，良知遍照萬物，持載萬物，無所不在。其動也，動而無動相，其
靜也，靜而無靜相，恆動恆靜，神妙萬物也。此即「心之本體，無起無不起」
之義。陽明以此辯證的詭辭（paradox）〔註 70〕打掉陸原靜「良知亦有起處」
之提問，而以儒家生生不息之創造言良知，義理甚為精當。

　　復次，陽明直接緊扣道德實踐言良知之無所不在，無所不明。因良知恆
照恆動恆靜，雖妄念之發、昏塞之極，良知本體未嘗不在，未嘗不明；其或
放或蔽，實人之不知存、不知察而已，於良知之本體，不能有加損於毫末也。

〔註 68〕周濂溪：《周子全書》（臺北：廣學社印書館，1975 年），《通書》，〈動靜第十
　　　　六〉。
〔註 69〕《傳習錄》中：〈答陸原靜書〉，151。
〔註 70〕「詭辭」之義同《莊子·齊物論》之「弔詭」：「丘也與女，皆夢也；予謂女
　　　　夢，亦夢也。是其言也，其名為弔詭。」

良知原自圓實，永遠常存。

關於此義，從另一處答問中，亦有詳盡的說明：

> 來書云：此心未發之體，其在已發之前乎？其在已發之中而爲之主乎？其無前後內外而渾然一體者乎？今謂心之動靜者，其主有事無事而言乎？其主寂然感通而言乎？其主循理從欲而言乎？若以循理爲靜，從欲爲動，則於所謂「動中有靜，靜中有動」、「動極而靜，靜極而動」者不可通矣。若以有事而感通爲動，無事而寂然爲靜，則於所謂「動而無動，靜而無靜」者，不可通矣。若謂未發在已發之先，靜而生動，是至誠有息也，聖人有復也，又不可矣。若謂未發在已發之中，則不知未發已發，俱當主靜乎？抑未發爲靜，而已發爲動乎？抑未發已發俱無動靜乎？幸教。（《傳習錄》中：〈答陸原靜書〉，157）

陸原靜以「動、靜」爲核心，藉由周濂溪通書動靜第十六章之語，分兩組問題向陽明提問：

第一，良知本體在已發之前乎？或在已發之中乎？或無前後內外而渾然一體乎？陸原靜認爲未發之良知本體是靜，不動也；良知於已發中的表現是動，此仍是以現象界的動靜來看良知，所以才有以下之疑問：「若謂未發在已發之先，靜而生動」，則靜時無動，動時無靜，故「至誠有息」矣。又「若謂未發在已發之中」，則靜之體在動中，如是，究竟心體在未發已發時都是不動（主靜），或是在未發時是靜，已發時是動，還是不論已發未發都無動靜，或都有動靜？由此可見，陸原靜所謂的動靜皆指自然因果中物之動靜，故有此諸多葛藤糾纏。

第二，所謂心之動靜，是指心主於有事（動）無事（靜）而言乎？或寂然（靜）感通（動）而言乎？或循理（靜）從欲（動）而言乎？以下再分爲兩組討論之：一是若循理爲靜，從欲爲動，理欲爲異質異層，怎可說「動中有靜，靜中有動」、「動極而靜，靜極而動」呢？二是若以有事而感通爲動，無事而寂然爲靜，那麼動中無靜，靜中無動，怎可謂「動而無動，靜而無靜」呢？

以上是陸原靜之問題，以下我們再看陽明如何答覆？陽明答曰：

> 未發之中，即良知也。無前後內外，而渾然一體者也。有事無事，可以言動靜，而良知無分於有事無事也。寂然感通，可以言動靜，而良知無分於寂然感通也。動靜者所遇之時。心之本體，固無分於

動靜也。理無動者也，動即為欲。循理則雖酬酢萬變，而未嘗動也。從欲則雖槁心一念，而未嘗靜也。動中有靜，靜中有動，又何疑乎？有事而感通，固可以言動，然而寂然者未嘗有增也。無事而寂然，固可以言靜，然而感通者未嘗有減也。動而無動，靜而無靜又何疑乎？無前後內外，而渾然一體，則至誠有息之疑，不待解矣。未發在已發之中。而已發之中，未嘗別有未發者在。已發在未發之中，而未發之中，未嘗別有已發者存。是未嘗無動靜，而不可以動靜分者也。凡觀古人言語，在以意逆志而得其大旨。若必拘滯於文義，則「靡有孑遺」者，是周果無遺民也。周子「靜極而動」之說，苟不善觀，亦未免有病。蓋其意從太極「動而生陽，靜而生陰」說來。太極生生之理，妙用無息，而常體不易。太極之生生，即陰陽之生生。就其生生之中，指其妙用無息者而謂之動，謂之陽之生，非謂動而後生陽也。就其生生之中，指其常體不易者而謂之靜，謂之陰之生，非謂靜而後生陰也。若果靜而後生陰，動而後生陽，則是陰陽動靜，截然各自為一物。陰陽一氣也，一氣屈伸而為陰陽。動靜一理也，一理隱顯而為動靜。(《傳習錄》中：〈答陸原靜書〉，157)

由於陸原靜引周濂溪論動靜之語來提問，故吾人依陽明之答語，先討論周濂溪所謂的動靜如何理解？再論陽明對陸原靜兩個問題的解答。

　　首先，周濂溪思想當以《通書》為主，〈太極圖說〉為輔，而自義理系統言之，當以《通書》之義理來了解〈圖說〉。〔註71〕周濂溪《通書・動靜第十六》云：「動而無靜，靜而無動，物也。動而無動，靜而無靜，神也。動而無動，靜而無靜，非不動不靜也。物則不通，神妙萬物。」此文主要論及誠體之神用，最富形而上的玄悟與宇宙論的旨趣。濂溪先分別兩種動靜，一般所謂的動靜，乃物理學之運動（moment）概念，動靜是相對的，是屬形而下經驗現象界中「物」之定動、定靜，故是動時無靜，靜時無動，所謂「動而無靜，靜而無動，物也〔……〕物則不通。」然而，誠體之神用，乃屬形而上本體界之活動（activity），若因言詮方便以動靜言之，則此動是「動而無動」，動乃表示誠體並非抽象之死體，純然是一虛靈之動。此虛靈之動是動無動相（動相指物之定動言），是謂「至動」，至動不與靜對，即動即靜。反之，靜而無靜相，是謂「至靜」，至靜不與動對，即靜即動。此即「動而無動，靜而

〔註71〕 牟宗三：《心體與性體》，第 1 冊，頁409。

無靜，神也〔……〕非不動不靜也」之義。因爲此神用須通過詭辭妙悟之，是屬於曲線的思考（discursive thinking）。〔註72〕此神用即是〈繫辭傳〉所謂的：「易，无思也，无爲也，寂然不動，感而遂通天下之故，非天下之至神，其孰能與於此？」陸原靜所謂「動中有靜，靜中有動」、「動而無動，靜而無靜」當如此理解，決不能視爲物之定動、定靜。復次「動極而靜，靜極而動」乃依濂溪〈太極圖說〉而來。〈太極圖說〉云：「無極而太極，太極動而生陽，動極而靜，靜而生陰，靜極復動。」陽明認爲「靜極而動」不能看成素樸的宇宙論演生義（靜－動－靜－動）之直線思考，而須就本體宇宙論的妙用義來理解，太極生生之理因隱顯而有動靜之名，但就其妙用無息而言動（謂之「陽之生」），就其常體不易而言靜（謂之「陰之生」），太極乃體用一源，即靜即動，即寂即感。若動靜截然各自爲一物，則非本體之動靜，「動極而靜，靜極而動」遂不可解。

　　濂溪所言誠體神用之動靜義既明，則陽明對陸原靜所提問題之解答，當不難理解。首就未發、已發言，於《中庸》原義，未發、已發是縮著「喜、怒、哀、樂」之情而言，未發之「中」與發而中節之「和」是綜和關係，故有前後內外之別。而此處陽明所言之未發、已發皆就良知本身之體用來體會，故云：「未發之中，即良知也，無前後內外而渾然一體者也。」若依陸原靜之問，似以心之本體有未發、已發之別，遂有前後內外之分，則良知本體必著於時間相，亦含空間相，如此一來，良知便有定動、定靜之相。故陽明必遮撥前後內外而直言良知之未發、已發是渾然一體。如是，未發、已發是就良知自身分析地說。是以良知未發即已發，而無分於已發、未發；良知即中即和，而無分於中與和，故云：「未發在已發之中，而已發之中，未嘗別有未發者在。已發在未發之中，而未發之中，未嘗別有已發者存。」實則，就良知自身而言，本自虛靈不昧，其未發之體並非死寂，而是靜而無靜相，即靜即動；其已發之明覺感應之用，是動而無動相，即動即靜。進言之，良知乃「體用一源」，「即體而言用在體，即用而言體在用」，〔註73〕故「知體之所以爲用，則知用之所以爲體者矣」〔註74〕因此，就「動而無動，靜而

〔註72〕「曲線思考」與「直線思考」相對，前者通過詭辭而詭譎地說，遮撥地說；後者則根據邏輯法則而言。此二詞根據牟宗三先生之說而來，見氏著：《心體與性體》，第 1 冊，頁348。
〔註73〕《傳習錄》上：108。
〔註74〕《全書》，第 1 冊，卷 4，〈答汪石潭內翰〉，頁2b。

無靜，神也」之妙用言，陽明指出良知之未發、已發是「未嘗無動靜」，良知乃恆動恆靜。而就「動而無靜，靜而無動，物也」之定動、定靜言，則「動靜」是「所遇之時」，故云：「良知不可以動靜分者也。」此即陽明對陸原靜第一個問題的解答。

復次，就第二個問題「心之動靜」與「有事而感通」「無事而寂然」、「循理從欲」之關係言，陽明曾說：「心不可以動靜為體用，動靜時也〔……〕若說靜可以見其體，動可以見其用，却不妨。」〔註75〕據此，陽明強調：「動靜者所遇之時，心之本體，固無分於動靜也。」此動靜乃相對而言，非至動至靜。雖然就現象界之有事而感通之「動」言，可以見良知之發用，然良知之用是「動而無動」，其本體明覺之自然，未嘗有所動，故云：「寂然者（寂然不動之體）未嘗有增也。」反之，亦然。因此陽明宣稱：「良知無分於有事無事也」、「良知無分於寂然感通也」。換言之，良知超越於「有事無事，寂然感通」所遇之時的動靜相，良知本體即寂即感，無間於有事無事，故「良知一也，以其妙用而言謂之神。」〔註76〕則「動而無動，靜而無靜」，又何疑乎？

再者，就陸原靜所謂「循理為靜，從欲為動」，亦思之未審。因為陸原靜似將心循理之時視為靜（無動也），從欲之時視為動（無靜也），此仍是以定動、定靜之直線思考方式來看心之本體。若如是，則陸原靜將無法解釋：「循理則雖酬酢萬變，而未嘗動也。從欲則雖槁心一念，而未嘗靜也。」因此，陽明強調不能以「動靜者所遇之時」的質實看法，把良知看死了。陽明指出：「理無動者也」，意即理並非不動，槁木死灰；而是動而無動相，所謂「動而未嘗動也」，所謂：「動亦定，靜亦定，體用一源者也。」〔註77〕換言之，「理」是活動的，其「至動」不與靜對，其「至靜」不與動對，即動即靜，故云：「循理則雖酬酢萬變，而未嘗動也。」如是，「動中有靜，靜中有動」、「動極而靜，靜極而動」，又何疑乎？

由以上之分析，可明顯地看出，陸原靜是採取直線的思考方式，其癥結全在錯解了周濂溪於誠體神用上所謂的動靜義，而一概以自然因果法則中動靜相對之定動定靜視之。殊不知其本身已混淆了「動而無靜，靜而無動，物

〔註75〕　《傳習錄》上：108。
〔註76〕　《傳習錄》中：〈答陸原靜書〉，154。
〔註77〕　《傳習錄》中：156。

也」與「動而無動，靜而無靜，神也」二者之別。而且也不了解良知本體原是「體用一源」之義。故陽明乃採曲線之思考，於「動而無動，靜而無靜，神也」之超越層上，言良知之未嘗無動靜，即未發即已發，即寂即感。雖然，陽明曾說「原靜所問，只是知解上轉」，然而，我們卻從陽明「不得已與之逐節分疏」〔註78〕中，得知良知之體用，至動至靜，原不受自然因果法則所控制，良知有其獨立且獨特的因果性。〔註79〕如此一來，良知本體自身乃超越一切時空之形式，亦無知性之範疇可言，它不在經驗條件系列中生起變滅，〔註80〕而良知之常存性或可由此觀點以申明其義。

三、良知之明覺與智的直覺

對於「體用一源」的良知本體，我們可由良知之「虛靈明覺」作進一步具體的理解。因良知之所以為良知，首重本心之明覺義、活動義；而陽明以「良知」統攝孟子四端之心，其用意也許可以由此觀點來看。如《傳習錄》載：

> 惟乾問：「知如何是心之本體？」先生曰：「知是理之靈處，就其主宰處說便謂之心，就其稟賦處說便謂之性。孩提之童，無不知愛其親，無不知敬其兄。只是這箇靈能不為私欲遮隔，充拓得盡，便完全是他本體。」（《傳習錄》上：118）

陽明指出良知之所以為心之本體，乃是就良知是天理之靈覺處來說。另一方面陽明也強調良知是可以當下呈現的，故云：「孩提之童，無不知愛其親，無不知敬其兄。」

所謂「知是理之靈處」，即是陽明〈答聶文蔚〉書所云「蓋良知只是一箇天理自然明覺發見處」〔註81〕之意。此語若詳細言之，意即：「天理之自然地而非造作地，昭昭明明而即在本心靈覺中之具體地而非抽象地朗現。」〔註82〕換言之，天理這樣的朗現，只有在良知處可以發現。顯然地，陽明以知為心之本體，主要在彰顯心之本體的虛靈明覺義。故陽明云：「心者，身之主也。

〔註78〕《傳習錄》中：〈答陸原靜書〉後錢德洪跋。
〔註79〕康德認為「意志底因果性」為特種因果性，其原因在智思界，結果在感觸界。參康德：《實踐理性底批判》，見牟宗三譯註：《康德的道德哲學》，頁308。而從牟宗三先生的案語來看，良知與自由意志一樣，都屬於「意志底因果性」。
〔註80〕勞思光：《中國哲學史》，第3卷上，頁451。
〔註81〕《傳習錄》中：〈答聶文蔚〉，189。
〔註82〕牟宗三：《從陸象山到劉蕺山》，頁218～219。

而心之虛靈明覺，即所謂本然之良知也。」〔註 83〕此外，陽明又以「昭明靈覺」〔註 84〕、「虛靈不昧」〔註 85〕「昭然而明覺」〔註 86〕等同義詞語形容良知本體，要之，唯良知當體自己可言「明覺」義。而良知之「明覺」是可關聯其他概念來說，如關聯著「天理」說（如前所引）；關聯著心之發動之「意」說，如：「指心之發動處謂之意，指意之靈明處謂之知。」〔註 87〕又可關聯著「行」說，如：「知之眞切篤實處即是行，行之明覺精察處即是知。」〔註 88〕總之，凡陽明言「明覺」，皆就是本心之虛靈不昧而說；對於一般人認爲體微而難知的良知本體，陽明以「明覺」來指稱。

　　另一方面，爲使人較具體理解「明覺」之義，陽明復以「明鏡」喻之，其言云：

> 聖人之心如明鏡，只是一箇明，則隨感而應，無物不照。（《傳習錄》
> 上：21）

又云：

> 其良知之體，皦如明鏡，略無纖翳，妍媸之來，隨物見形，而明鏡
> 曾無留染。（《傳習錄》中：〈答歐陽崇一〉，167）

良知本體如「明鏡」一般，無物不照，略無纖翳，所謂「明」也；良知本體，隨感隨應，才動即知，本無惑亂，所謂「覺」也。然而，以明鏡比喻良知本體，只是一圖畫式的描述語。依陽明之意，明鏡之所以爲「明」，不是由「虛一而靜」的泠然觀照來規定，而是透過「誠」來了解。良知之「明」自始即是道德義，此陽明終究爲儒家，而不同於佛、老。陽明云：

> 君子學以爲己，未嘗虞人之欺己也，恆不自欺其良知而已。未嘗虞
> 人之不信己也，恆自信其良知而已〔……〕是故不欺，則良知無所
> 僞而誠，「誠則明矣」。自信，則良知無所惑而明，「明則誠矣」。明
> 誠相生，是故良知常覺常照，則如明鏡之懸，而物之來者自不能遁
> 其妍媸矣。何者？不欺而誠，則無所容其欺。苟其欺焉，而覺矣。
> 自信而明，則無所容其不信。苟不信焉，而覺矣。〔……〕至誠則

〔註 83〕《傳習錄》中：〈答顧東橋書〉，137。
〔註 84〕《傳習錄》中：〈答歐陽崇一〉書，169。
〔註 85〕《傳習錄》上：32。
〔註 86〕《全書》，第 1 冊，卷 7，〈禮記纂言序〉，頁 12b。
〔註 87〕《傳習錄》下：201。
〔註 88〕《傳習錄》中：〈答顧東橋書〉，133。

　　無知而無不知。(《傳習錄》中：〈答歐陽崇一〉，171)

在這一段話中，陽明藉《中庸》「誠則明矣，明則誠矣」發揮其「明誠相生」之義，據此而言良知如明鏡之「常覺常照」。首就「明誠相生」言，《中庸》云：「自誠明謂之性，自明誠謂之教。誠則明矣，明則誠矣。」(第 21 章)又云：「誠則形，形則著，著則明，明則動，動則變，變則化。唯天下至誠為能化。」(第 23 章)按《中庸》原義，「誠則明矣」著重本體義，「明則誠矣」則就工夫說，誠體起明，明即全徹於誠；故明即誠體之朗潤與遍照，誠明一體即窮盡本心性體，天道之全蘊。〔註89〕而陽明此處則將「誠則明矣」、「明則誠矣」俱統攝於良知本體之自性而言，強調良知本身「體用一源」義，故云「明誠相生」。陽明亦嘗云：「誠是實理，只是一箇良知，實理之妙用流行就是神〔……〕」〔註90〕此可視為「誠明相生」之註腳。

　　復次，所謂「良知常覺常照」，乃是指「誠明相生」的良知明覺本體所發之光，有常覺常照之妙用，如至誠一般地能「無知而不知」。顯然地，良知所發之知，是一圓照之知，而不是能所橫列中的認知之知。因認知之知，有認知相（SKO），有所知，有所不知，是不能「無知而無不知」的。但關於此常覺常照，無知而無不知的良知妙用，當如何理解呢？宋儒張橫渠所謂的「德性之知」提供了我們線索，橫渠云：

　　誠明所知乃天德良知，非聞見小知而已。

　　天人異用，不足以言誠。天人異知，不足以盡明。所謂誠明者，性
　　與天道不見乎小大之別也。〔註91〕

又云：

　　見聞之知乃物交而知，非德性所知。德性所知不萌於見聞。〔註92〕

橫渠這兩段話，提出「見聞之知」與「德性之知」的區別。所謂「見聞之知」，即是通過耳目感官的認知作用，而「德性之知」則是「心之官則思」的道德本心之發用。析言之，「見聞之知」是認識心的了別作用，是在感觸直覺中呈現，囿於經驗而受制於經驗，以成就經驗知識。「德性之知」則由不囿於見聞之知識意義之心靈之知用，反顯德性心靈之為體，雖說是知識意義之知用，

〔註89〕牟宗三：《智的直覺與中國哲學》(臺北：臺灣商務印書館，1987 年)，頁189。
〔註90〕《傳習錄》下：281。
〔註91〕張載：《張載集》(臺北：漢京文化事業有限公司，1983 年)，《正蒙》，〈誠明篇第六〉，頁20。
〔註92〕同前書，《正蒙》，〈大心篇第七〉，頁24。

仍是指向道德心靈之呈現，而不在純認知活動之探究。〔註93〕故橫渠以「誠明所知」來說明「天德良知」，此與陽明所云「明誠相生，是故良知常覺常照」之義，如出一轍。因此，我們可說良知之常覺常照，即是誠明所發之知，是德性之知。此知必由通天人、合內外、一大小而見其爲具體而眞實的誠明之知用。換言之，德性之知是道德本心（無限心）之妙用，猶西哲康德所言「智的直覺」之知。

　　何以橫渠所謂「德性之知」猶「智的直覺」之知，我們可由橫渠另一段話中得到明確的理解，其言云：

　　　天之明莫大於日，故有目接之，不知其幾千里之高也。天之聲莫大於雷霆，故有耳屬之，莫知其幾萬里之遠也。天之不禦莫大於太虛，故心知廓之，莫究其極也。（同上）

這一段話很能表示「直覺」（intuition）是一具體化原則（principle of concretion）之意，亦可分別感觸的直覺（sensible intuition）和智的直覺（intellectual intuition）之不同。〔註94〕就「天之明莫大於日」言，只是客觀地說其大，並無具體而眞實的意義。因設若吾人是生而盲者，吾人依然可以依他人之所述，而構思一個「日明之大」的概念，但這只是思知，仍屬思想邊事，究竟「日明之大」是如何大法，仍不能具體而眞實地知之。因此若欲具體而眞實的知「天之明莫大於日」，則必須要「有目接之」，此目之接即是感觸的直覺；藉此而證實具體化「日明之大」之概念。耳屬雷霆之聲亦然。準此而言，如耳屬目接之爲感觸的直覺，就事物之存在說，則是一認知的呈現原則（principle of cognitive presentation）。但「心知廓之」卻不同於耳屬目接，而是智的直覺。「天之不禦莫大於太虛」雖表示天道生德之創生之所以不禦（無窮盡），乃不禦於（無窮盡於）其自體之至虛而神，但此仍是客觀形式的說，亦只是思之事，並無具體而眞實的意義。必待「心知廓之，莫究其極」而具體眞實化「不禦」之意。所謂「心知廓之，莫究其極」即是以「心知」之誠明，如如相應天道創生而形著其「不禦」而證實之。換言之，客觀說的天道生德之創生之不禦究竟落實處，即在此主觀說的心知之誠明的創生不禦。如是，此「心知廓之」之「心知」，既不是感觸的直覺之知，亦非有限的概念思考的知性之知，乃是遍、常、一而無限的道德本心之誠明所發的圓照之知。此圓照之知，圓照一切萬物而

〔註93〕牟宗三：《心體與性體》，第1冊，頁543。
〔註94〕牟宗三：《智的直覺與中國哲學》，頁184。

無外，而萬物於此圓照下，不以認知的對象之姿態出現，乃是以「物自身」之姿態出現，故圓照之知無所不知（萬物如如呈現）而實無一知（無能所認知相）。因此「心知廓之」之知猶康德所云「智的直覺」，而就事物之存在說，它是存有論的實現原則（principle of ontological actualization）。

在西方，智的直覺只歸諸神心，不是我們人類所能有的，而對於這智的直覺底特性與作用，康德所繼承於傳統的說法與其本身進一步的體會是：〔註95〕

（1）就其為理解言，它的理解作用是直覺的，而不是辨解的，即不使用概念。

（2）就其為直覺言，它的直覺作用是純智的，而不是感觸的。

（3）智的直覺就是靈魂心體之自我活動而單表象或判斷靈魂心體自己者：「如果該主體的直覺只是自我活動，即只是理智的，則該主體必只判斷它自己」；「如果它是直接地自我活動的，它必只表象它自己」。

（4）智的直覺自身就能把它的對象之存在給與我們，直覺活動自身就能實現存在，直覺之即實現之（存在之），此是智的直覺之創造性：「如果那一切在主體中是雜多的東西是為自我底活動所給與，則內部的直覺必是智的直覺」。

由上所述，康德對「智的直覺」已有詳盡而明確的解析，但囿於西方文化傳統，康德認為我們人類是決定的有限存有，只能有感觸的直覺而無智的直覺；智的直覺只屬於無限存有——上帝。但依儒家孟子學的傳統看來，人人皆可以成聖，人雖有限而可無限。因吾人道德意識所呈露的道德本心，即是一自由無限心，故「誠明所知」、「心知廓之」、「德性之知」——皆是無限心之妙用，亦即是智的直覺。

透過橫渠的「德性之知」與康德的「智的直覺」，我們便可確切地理解良知常覺常照之妙用。若依陽明「明鏡」之喻，則良知常覺常照即是明鏡所發射之光。由於良知之覺照是本乎「明誠相生」之明覺，故覺照之為直覺是純智的，而非感觸的。而且，既然良知之常覺常照是從知體明覺而發，故良知之常覺常照即是良知本體之自我活動，亦即是「智的直覺」（「如果該主體的直覺只是自我活動，即是說，只是智的直覺，則該主體必應只判斷它自己」）。換言之，良知之常覺常照，實際上只是道德本心之自我震動而返照其自己，故良知之覺即良知之照，覺照一也。

〔註95〕同前書，頁145。

關於此義，吾人亦可由知體明覺之隨時呈現來理解。陽明嘗云：「知是心之本體，心自然會知。見父自然知孝，見兄自然知弟，見孺子入井，自然知惻隱，不假外求。」〔註96〕陽明以「心自然會知」指出道德本心隨時呈現，而其自身之震動可以驚醒吾人，吾人遂乃逆覺而體證本心之自體，即在此逆覺體證中含有智的直覺。如乍見孺子入井，本心震動呈現為惻隱之心以驚醒吾人，吾人即當下肯認此惻隱之心為吾人之本心。依此分解，吾人逆覺體證中之智的直覺即是道德本心自我震動所發之光而返照其自己。如是，能覺即所覺，所覺即能覺；覺之即照之也。

明瞭「明誠相生，良知常覺常照」是道德本心自覺返照之「智的直覺」之知，則對陽明所述良知本體之活動，當可恰當地理解。陽明云：

> 照心非動者，以其發於本體明覺之自然，而未嘗有所動也，有所動，
> 即妄矣。（《傳習錄》中：〈答陸原靜書〉，160）

所謂「照心」即是指良知之活動，由於其「發於本體明覺之自然」，故是一智的直覺。因此，照心本不在時空遷流中，亦無動靜相對象，只是本心震動之如如返照其自己，是動而無動相，「未嘗有所動」。

陽明又云：

> 知來本無知，覺來本無覺。然不知，則遂淪埋。（《傳習錄》下：213）

而《傳習錄》亦載：

> 先生曰：「無知無不知，本體原是如此，譬如日未嘗有心照物，而自
> 無物不照，無照無不照，原是日的本體。」（《傳習錄》下：282）

這兩段話均指出良知本體之活動是「無知無不知」。所謂「無知」是指良知之知無能所對列之認知相，自是一無所知（「無不知」），故透過「無知無不知」之詭辭，化掉了能所之認知相，反顯良知之知是圓照之知（不是主客關係中的認知之知），如日之無物不照，照之即實現之。故於圓照之知中，萬物如如呈現，良知乃無所不知。如是，智的直覺只知物自身，而不知現象。故良知「無知無不知」即是「智的直覺」，是一存有論的創造實現原則。

綜上所述，良知本體是「虛靈明覺」，良知本體之妙用是「智的直覺」之知。前者指「體」言，後者就「用」言，則良知之知顯然沒有一般而言的認知意義。經此分解，吾人便可承體起用的探討良知之三性——主觀性、客觀性與絕對性。惟於立言分際上，就良知之主觀性、客觀性言，良知之妙用呈

〔註96〕《傳習錄》上：8。

現為知是知非而自定方向、自立法則。而就良知之絕對性來說，良知之妙用即是智的直覺之創生實現原則。

四、良知之主觀性

良知本體虛靈明覺，但它卻不是一個抽象隔離的心體，其明覺之所以為明覺，即在「知是知非」的道德決斷中發現，吾人即從此「知是知非」之處契入良知明覺之本體。因此就「獨知」之知，「知是知非」之知言，此即是良知的主觀性，亦即是道德實踐底主觀根據。

首先就「即用而言體在用」之觀點看良知，陽明云：

> 目無體，以萬物之色為體。耳無體，以萬物之聲為體。鼻無體，以萬物之臭為體。口無體，以萬物之味為體。心無體，以天地萬物感應之是非為體。（《傳習錄》下：277）

陽明這一段話並不是否定分解說的心有本體，而是採取類乎禪家「作用見性」非分解說的方式，遮撥那抽象懸空想的心體，指出心並沒有一個隔離的自體擺在那裏，而是以「天地萬物感應之是非」為其當體自己。換言之，本心是以感應之是非為其本質的內容，良知本體即在當下感應之是非的決定處見。而所謂的是非即是道德上的善惡，故陽明云：「良知只是箇是非之心，是非只是箇好惡。只好惡，就盡了是非。只是非，就盡了萬事萬變。」〔註97〕

良知既以感應是非之決定為其本質的內容，則良知這一概念所透顯的，便是一直承道德意識而來的「存在的應當」之決定。此決定並不來自別處（如上帝、經驗、範例等），而是直接來自良知的決定。由此，我們便可理解「獨知」之「知是知非」之義。陽明云：

> 所謂「人雖不知而己所獨知」者，此正是吾心良知處。（《傳習錄》下：317）

又云：

> 此獨知處便是誠的萌芽。此處不論善念惡念，更無虛假。一是百是，一錯百錯，正是王霸義利誠偽善惡界頭，於此一立立定，便是端本澄源，便是立誠。古人許多誠身的工夫，精神命脈，全體只在此處，真是莫見莫顯，無時無處，無終無始，只是此箇工夫。（《傳習錄》

〔註97〕《傳習錄》下：288。

上：120）

這兩段話中，陽明以朱子所謂「獨者，人所不知而己所獨知之地也」而言吾心良知處，所著重的是良知於「無聲無臭獨知時」之知是知非。此獨知處便是儒家作道德實踐最內在、最本質的工夫，故陽明云：「古人許多誠身的工夫，精神命脈，全體只在此處。」

就「獨知」言，此觀念是承《大學》、《中庸》說慎獨而來。《大學》云：「所謂誠其意者，毋自欺也。如惡惡臭，如好好色；此之謂自謙，故君子必慎其獨也。」（傳第 6 章）《中庸》則云：「君子戒慎乎其所不睹，恐懼乎其所不聞。莫見乎隱，莫顯乎微，故君子慎其獨也。」（第 1 章）依《大學》，慎獨是從誠意說；而就《中庸》言，不睹不聞而莫見莫顯的隱微之體是就「天命之謂性」這性體說，故慎獨是從性體說。至於陽明，則將《中庸》存有論地說的性體，攝收於道德實踐地說的良知之中，而以不睹不聞莫見莫顯、無時無處、無終無始說良知，說慎獨。如是，「慎獨」之「獨」即是戒慎乎不睹不聞而自己所獨知這一明覺之知體。

復次，由慎獨而言之獨知之知，是就良知之知是知非而言。良知之知是知非，即是良知之感受性（心靈之感受之主觀條件），因良知能當下地感知外在的是非，且即直接地判決是非或善惡；而此判決是最根源的，是最後的，更不假於外，故良知之知是知非是道德底主觀根據。以此而言，當我們意念一發動時，不論善念或惡念。良知皆知之，故陽明云：「凡意念之發，吾心之良知無有不自知者。其善歟，惟吾心之良知自知之；其不善歟，亦惟吾心之良知自知之，是皆無所與於他人者也。」〔註98〕而陽明指出獨知處是：「一是百是，一錯百錯，正是王霸義利誠偽善惡界頭。」更是令人警策。吾人甚至可說「獨知」處即是「夢覺關」。

關於良知之知是知非，我們尚可由西哲康德之以法庭底情形比喻良知之裁判來理解。康德說：

> 我們人心中的一個內部法庭之意識便是良心。

又說：

> 每一個人皆有一良心，並且每一個人皆覺得他自己為一內部的法官（檢查官）所注視，此內部的法官威嚇他並且使他處於恐懼中（處於敬畏中，處於與懼怕相結合的虔敬中）；而這一種力量，即「注視

───────────────

〔註98〕《全書》，第 3 冊，卷 26，〈大學問〉，頁 4a。

或守護在他之內的法則」之力量，並不是某種「他自己所隨意造成」
的東西，而乃是生而有之者，即組織之於其存有中者。〔註99〕

依康德之意，良知猶如吾人心中之內部法庭。人皆有良心，並覺得其自己爲
一內部的法官（檢察官）所注視。而良心是一種生而有，且「守護在他之內
的法則」的力量。更確切地說，良知是一種「根源的，智的，而且是道德的
能力」。無論吾人或醒悟或墮落，皆不能不察覺到良心的呼聲。如是，康德所
言之「良心」即同於陽明之「獨知」。而若以法庭之喻言，分解地說，此法庭
上，有原告、有被告、有最高審判官。原告即是控訴者，可說是檢察官，此
即是良心。被告則是行動的現實人。他的行動是否依法則所定的義務而行，
良知皆能感受而知之。因之，良心守護法則，並能檢查審定人是否依照法則
所定之義務而行。如果我們的行動不依義務而行，它就要以檢察官底身分向
最高之審判官（康德心目中視其爲上帝）提出控訴。〔註100〕雖然康德視良知
與法則爲二，此不同於陽明之良知；但其良知爲內部法庭中檢察官之喻，實
有助於吾人理解良知之知是知非之感受性。

猶其進者，陽明更指出良知之知是知非之判斷絕不會有錯誤，其言云：

> 爾那一點良知，是爾自家底準則。爾意念著處，他是便知是，非便
> 知非，更瞞他一些不得。爾只不要欺他，實實落落依著他做去。善
> 便存，惡便去，他這裏何等穩當快樂！（《傳習錄》下：206）

又云：

> 良知原是完完全全，是的還他是，非的還他非。是非只依著他，更
> 無有不是處，這良知還是你的明師。（《傳習錄》下：265）

由陽明這兩段話，我們得知兩個論點：一是良知之知是知非的判斷不會有錯
誤，一是良知之知是知非 —— 善便存，惡便去。

析言之，陽明認爲良知是吾人自家底準則，是明師，良知之知是知非之
判斷是絕對的標準。當吾人意念一動時，良知立即知是知非，且直接判決是
非，所謂：「是的還他是，非的還他非。」換言之，良知獨感之知是知非的
主觀之判斷不能有錯誤，否則必將求諸第一或第二或第三之良知的判決，如
是則成無窮後退。故陽明云：「良知只是一箇，良知而善惡自辨。」〔註101〕

〔註99〕 康德：《實踐理性底批判》，見牟宗三譯註：《康德的道德哲學》，頁447。
〔註100〕同前書，頁448～451，牟先生之疏解。
〔註101〕《傳習錄》中：〈答陸原靜書〉，162。

又云：「則凡所謂善惡之機，真妄之辨者，舍吾心之良知，亦將何所致其體察乎？」〔註102〕關於此義，我們亦可由康德說沒有「錯誤的良心」之義來申明，康德說：

> 我只觀察沒有「錯誤的良心」這會事。在「是否某事是一義務或不是一義務」這樣的客觀判斷中去弄錯，這有時是可能的；但是「為那客觀判斷底目的之故，我是否已把這某事與我的實踐的理性（在此即裁判地活動的理性）相比對」，在這比對之主觀判斷中我不能有錯誤。〔註103〕

康德認為客觀地判斷某事是否義務，這是知性底事，這判斷或許會有錯誤。但是「是義務」或「不是義務」一與良心（我的實踐理性，裁判地活動的理性）相對照，良心立刻能感知之，即有是非或善惡之判斷，這樣的感知（獨知）之主觀判斷（亦即良心的感受），不能有錯誤。因為良心之獨感是最後的、純一的，不能有對錯交替之可能。若有此可能，則良心不是現成的，而是後天訓練成的。因此，就良心之獨感（知是知非）而言，其本身不能有錯誤。〔註104〕

　　其次，就良知之知是知非能使「善便存，惡便去」言，顯然地，良知之知是知非是一純粹的道德判斷，是直貫的創造之知，而不是能所橫列的認知之知，不具認識論意義。因就知識上的認知活動言，是在能知（主體）與所知（客體）之關聯中進行的，由感觸直覺攝取對象，經想像及知性的純粹概念之運作而完成。其中須有對象的存在被給與，再由認知主體去攝取理解辨識外物。如是，認知之知能辨認外物是什麼、不是什麼，抑或何者為真、何者為假；但卻不能使「是」存在，而「非」（不是）不存在。

　　然而良知之知是知非卻不同於認知之知，因良知的知是知非本就意念之發動與意念之內容言。而意念之發動必涉及感性經驗層上的外物，即陽明所謂「意之所在為物」（如意在於事親，即事親便是一物），此「物」是意念的內容，可名之曰「行為物」。因此，所謂良知的「是非」即是道德上的「善惡」，或道德行為的應當與不應當。但是道德生活中的意念很少純然地指向一個外物的，而是因著涉及外物而想到吾人可做或應做什麼事。這是對物所引起的一種反應的態度，抑或如何處之的態度，而不是認知之反應態度，或認知地處之之態度。

〔註102〕《傳習錄》中：〈答顧東橋書〉，136。
〔註103〕康德：《實踐理性底批判》，見牟宗三譯註：《康德的道德哲學》，頁441。
〔註104〕同前書，頁450，牟先生之疏解。

〔註105〕因此，知是知非之知是向裏看，是超越的純粹之道德判斷，此中即函著一純智的直覺之真實的可能。表面上，良知之知是知非是監察意念活動之善與惡，但「是」、「非」並不是一客觀的存有擺在那裏讓吾人去認知，而是良知應物之當下即反覺良知之本身，其反覺良知之本身即是良知之返照自己而自覺自了，呈現感應之是非之天則。如是，良知知是知非時，若實實落落地依著良知而行，則只有「是」存在，而「非」並不存在，所謂「善便存，惡便去」，進而產生行為的革故生新，此即是一道德的創造。因此，良知之知是知非之「知」，著重在良知之自成判斷，自定是非；是良知本體的一種決斷力，亦是實踐的知覺力量，而非「一種指向對象的知解的知覺力量」（借用康德語），亦即不是認知之知。進言之，良知之知是知非，是一縱貫的創造之知。此中已隱含良知之知是知非，不僅是道德底主觀根據，亦是道德底客觀根據。

承上所述，我們再援引陽明之〈諭泰和楊茂〉，對良知獨感之知是知非，作一更深切的理解，以結束以上之申論。其書云：

> 你口不能言是非，你耳不能聽是非，你心還能知是非否？（答曰：知是非。）如此，你口雖不如人，你耳雖不如人，你心還與人一般。（茂時首肯拱謝。）大凡人只是此心，此心若能存天理，是箇聖賢的心。口雖不能言，耳雖不能聽，也是箇不能言不能聽的聖賢。心若不存天理，是箇禽獸的心；口雖能言，耳雖能聽，也只箇能言能聽的禽獸。（茂時扣胸指天。）你如今於父母但盡你心的孝，於兄長但盡你心的敬，於鄉黨鄰里、宗族親戚但盡你心的謙和恭順。見人急慢，不要嗔怪；見人財利，不要貪圖。但在裏面行你那是的心，莫行你那非的心。縱使外面人說你是，也不須聽，說你不是，也不須聽。（茂時首肯拜謝。）你口不能言是非，省了多少閒是非；你耳不能聽是非，省了多少閒是非。凡說是非，便生是非、生煩惱。聽是非，便添是非、添煩惱。你口不能說，你耳不能聽，省了多少閒是非，省了多少閒煩惱，你比別人到快活自在了許多。（茂時扣胸指天辟地。）我如今教你，但終日行你的心，不消口裏說；但終日聽你的心，不消耳裏聽。（茂時頓首再拜而已。）〔註106〕

楊茂是一聾瘂者，求見陽明，陽明以字問，楊茂則以字答，遂成此文。陽明

〔註105〕牟宗三：《現象與物自身》（臺北：臺灣學生書局，1982年），頁437。
〔註106〕《全書》，第3冊，卷24，〈諭泰和楊茂〉，頁10a～10b。

文淺而旨深，當下指點，道出獨知眞義蘊，感人深矣！

五、良知之客觀性

良知之知是知非不僅是道德底主觀根據，同時還是道德底客觀根據；因為良知之知是知非的判斷，即給出一道德法則，故良知與道德法則是一──良知即是天理，此亦即是良知之客觀性。

良知即是天理，首先可由良知與天理是分析地自一而顯，陽明云：

> 蓋吾良知之體，本自聰明睿知；本自寬裕溫柔；本自發強剛毅；本身齊莊中正，文理密察；本自溥博淵泉而時出之。本無富貴之可慕，本無貧賤之可憂，本無得喪之可欣戚，愛憎之可取舍。〔註107〕

良知之本體自「聰明睿知」以下五句，乃引自《中庸》。依朱注，聰明睿知是生知之質，而寬裕溫柔，即仁；發強剛毅，即義；齊莊中正，即禮；文理密察，即智。〔註108〕據此，則良知本體即是仁、義、禮、智，良知本身就是道德法則的給與者，良知即是天理。因此，良知與天理是分析關係，良知與天理是一而非二。

進言之，就良知即是天理言，它不能從經驗或人的特殊性好中引申出來，故陽明指出良知本體：「本無富貴之可慕，本無貧賤之可憂，本無得喪之可欣戚，愛憎之可取舍。」舉凡富貴、貧賤、得喪、愛憎，或涉及幸福而言，或基於自然的性好而為，皆屬於經驗的原則。設若良知本體所給與之道德法則，是以此經驗原則為基礎，則人們便可依個人的經驗或性好之不同，而任意決定道德法則。如是，道德法則不是必然的（因時有例外），而是相對的；只有相對的普遍性，而無絕對的普遍性。則良知所自立之道德法則便沒有客觀性，甚或造成道德的自我否定。因此，陽明此處言良知本體「本自聰明睿知」與「本無富貴之可慕」之分別，是極為重要的；它透顯了道德法則是先驗的，且具絕對普遍性的本性，而且彰顯了良知是天理的客觀意義。

由良知即是天理，我們可說良知是訂立道德法則的自由意志，良知本身即是立法者。而且良知只服從其所自立的道德法則，凡與其所立之法則不一致者，皆須黜退。準此而言，便逼顯西哲康德所謂的「意志底自律」之義。

〔註107〕同前書，第 1 冊，卷 6，〈答南元善〉，頁 7b。
〔註108〕朱子《中庸章句》云：「聰明睿知，生知之質〔……〕其下四者，乃仁義禮知之德。」

康德說：

> 意志底自律就是意志底那種特性，即因著這種特性，意志對于其自
> 身就是一個法則（獨立不依于決定底對象之任何特性而對于其自身
> 即是一法則）〔註109〕

所謂「意志底自律」，意即意志對其自己即是一個法則，此恰是陽明言「良知
即天理」（心即理）的切義要旨。換言之，良知自立自發道德法則，良知對其
本身即是一法則。如是，良知之活動即是天理之具體地呈現，良知之活動即
是天理之存有。

　　然而更重要的是，陽明不僅指出良知即是天理，而且還道出良知自悅天
理，且良知是「溥博淵泉而時出之」，良知隨時躍動、呈現。陽明云：

> 夫吾之所謂眞吾者，良知之謂也。父而慈焉，子而孝焉，吾良知所
> 好也；不慈不孝焉，斯惡之矣。言而忠信焉，行而篤敬焉，吾良知
> 所好也；不忠信焉，不篤敬焉，斯惡之矣。故夫名利物欲之好，私
> 吾之好也，天下之所惡也。良知之好，眞吾之好，天下之所同好也。
> 是故從私吾之好，則天下之人皆惡之矣；將心勞日拙，而憂苦終身，
> 是之謂物之役。從眞吾之好，則天下之人皆好之矣；將家國天下無
> 所處而不當。富貴貧賤，患難夷狄，無入而不自得，斯之謂能從吾
> 之所好也矣。〔註110〕

陽明此文之旨，同於孟之「理義之悅我心，猶芻豢之悅我口」之義。陽明認
為良知即是眞我（眞吾），是生命的眞正主宰、定常之體；而不是軀殼起念的
私我（私吾）。因此，良知之知是知非雖是良知（主體）本身主觀的好惡活動，
然而良知之所好所惡是具有普遍性的客觀意義在。因良知之所好，是天下之
所同好也；良知之所惡，亦是天下之所同惡。

　　析言之，良知所好是「父而慈焉」、「子而孝焉」、「言而忠信焉」、「行而
篤敬焉」，凡此皆是「天理」。因就「父而孝焉」等言，原初似乎只是吾人良
知所好之行動的主觀原則，但此主觀原則乃天下之所同好，它對一切理性存
有皆妥當有效。因此，良知所好之主觀原則，同時即是普遍的道德法則，它
是先驗的、普遍的，具絕對的普遍性，故云「天理」。如是，良知之好道德法
則，是即主觀即客觀。猶有進者，良知之自悅天理，乃良知本身之不容已，

〔註109〕康德：《道德底形上學之基本原則》，見牟宗三譯註：《康德的道德哲學》，頁85。
〔註110〕《全書》，第 1 冊，卷 7，〈從吾道人記〉，頁17a。

良知同時是心（道德本心）、是情（覺情）、是理（天理），它自能生發道德實
踐的力量。惟有進至此義，良知即是天理，意志底自律，方能眞實而具體地
呈現；則道德的實踐不僅有動力，且使道德成爲實理實事。

明白良知與天理是分析關係、良知之自悅天理，我們便可確切地理解陽
明所謂「良知是天理之昭明靈覺處」之義。陽明於〈答歐陽崇一〉書云：

> 良知是天理之昭明靈覺處，故良知即是天理。（《傳習錄》中：〈答歐
> 陽崇一〉，169）

又〈答聶文蔚〉書亦云：

> 良知只是一箇天理自然明覺發見處，只是一箇眞誠惻怛，便是他本
> 體。故致此良知之眞誠惻怛以事親便是孝；致此良知之眞誠惻怛以
> 從兄便是弟；致此良知之眞誠惻怛以事君便是忠。只是一箇良知，
> 一箇眞誠惻怛。（《傳習錄》中：〈答聶文蔚〉，189）

這兩段話，皆從「天理之昭明靈覺處」言「良知即是天理」。所謂「良知是天
理之昭明靈覺處」與「良知只是一箇天理自然明覺發見處」，其意涵相同。析
言之，「昭明靈覺」、「自然明覺」本就良知本體明覺之活動而言，天理本身本
無所謂「明覺」。然而天理不是外在的，也不是良知的對象，而是內在於本心
之眞誠惻怛。天理即由此眞誠惻怛之本心，昭明地具體地而且自然地朗現出
來，故亦可說「天理之自然明覺」。換言之，良知之明覺活動本身，即能給吾
人決定一方向，而此決定活動本身即同時呈現一「自然地而非造作地，具體
的而非抽象的」天理；如是，良知是即活動即存有。

因此，就陽明「良知是天理之昭明靈覺處，故良知即是天理」言，天理雖
客觀而亦主觀。同理，我們也可說天理是良知的內容，天理是良知之當然而必
然處；則良知雖主觀而亦客觀。〔註111〕要之，此爲「良知即是天理」之實義。

六、良知之絕對性

陽明詠良知詩云：「無聲無臭獨知時，此是乾坤萬有基。」〔註112〕顯示良
知不僅是道德實踐之超越根據，而且也是一切存在之存有論的根據，由此良
知亦有其形而上實體之意義。而就良知之爲形而上實體言，良知是萬事萬物
的創生原理、實現原理，良知是乾坤萬有之基：此即是良知之絕對性。

〔註111〕牟宗三：《從陸象山到劉蕺山》，頁220。
〔註112〕《全書》，第3冊，卷20，〈詠良知四首示諸生〉四，頁36a。

　　良知之具絕對性，是由良知是道德實體而透顯的。因就良知之主觀性與客觀性言，它必是一發布無條件定然律令的自由意志，以此可分析出良知是絕對的、無限的。設若良知是一有限的概念，則其本身即受限制而爲有限，而其所發布之命令亦要受到制約，如是，無條件的定然律令便不可說。〔註113〕故良知自體即成爲一無限心。

　　又良知之爲無限心，亦可由良知之自不容已地要求與天地萬物爲一體來彰顯。陽明於〈大學問〉中論云：「大人之能以天地萬物爲一體也，非意之也；其心之仁本若是，其與天地萬物而爲一也。」〔註114〕換言之，與天地萬物爲一體，即是良知的本然之性。而陽明更從明明德與親民來申明此義，其言云：

> 明明德者，立其天地萬物一體之體也；親民者，達其天地萬物一體之用也。故明明德必在於親民，而親民乃所以明其明德也。是故親吾之父，以及人之父，以及天下人之父，而後吾之仁實與吾之父，天下人之父而爲一體矣；實與之爲一體，而後孝之明德始明矣。親吾之兄，以及人之兄，以及天下人之兄，而後吾之仁實與吾之兄、人之兄，天下人之兄而爲一體矣；實與之爲一體，而後弟之明德始明矣。君臣也、夫婦也、朋友也，以至於山川鬼神鳥獸草木也，莫不實有以親之，以達吾一體之仁，然後吾之明德始無不明，而眞能以天地萬物爲一體矣。夫是之謂明明德於天下，是之謂家齊國治而天下平，是之謂盡性。〔註115〕

由此可見，吾之明德（良知）不限於一事一物，充其極必「明明德於天下」、「家齊國治而天下平」；如是，吾之性（良知）方能獲得充盡圓滿的體現。則良知自性爲「無限心」之義，不亦明乎？

　　此外，陽明亦嘗言：「道無方體，不可執著〔……〕若解向裏尋求，見得自己心體，即無時無處不是此道。亙古亙今，無始無終，更有甚異同？心即道，道即天。知心則知道知天。」〔註116〕故陽明思想中，心、性、天是一，而天道的實體性，是由心體的操存而獲得保障。如是，即彰顯儒家由道德實

〔註113〕牟宗三：《智的直覺與中國哲學》，頁191。
〔註114〕《全書》，第3冊，卷26，〈大學問〉，頁1b。
〔註115〕同前註，頁2a-2b。
〔註116〕《傳習錄》上：66。

踐之進路所成就的「道德的形上學」。舉凡陽明所言良知之絕對性，均須在此義理間架下來理解。以下，茲從「良知是造化的精靈」與「心外無物」兩方面的討論，彰顯良知之絕對性。

（一）良知是造化的精靈

《傳習錄》載云：

> 問：「人心與物同體。如吾身原是血氣流通的，所以謂之同體。若於人便異體了，禽獸草木益遠矣，而何謂之同體？」先生曰：「你只在感應之幾上看，豈但禽獸草木，雖天地也與我同體的，鬼神也與我同體的。」請問。先生曰：「爾看這箇天地中間，甚麼是天地的心？」對曰：「嘗聞人是天地的心。」曰：「人又甚麼教做心？」對曰：「只是一箇靈明。」曰：「可知充天塞地中間，只有這箇靈明，人只為形體自間隔了。我的靈明，便是天地鬼神的主宰。天沒有我的靈明，誰去仰他高？地沒有我的靈明，誰去俯他深？鬼神沒有我的靈明，誰去辨他吉凶災祥？天地鬼神萬物離却我的靈明，便沒有天地鬼神萬物了。我的靈明離却天地鬼神萬物，亦沒有我的靈明。如此便是一氣流通的，如何與他間隔得？」又問：「天地鬼神萬物，千古見在，何沒了我的靈明，便俱無了？」曰：「今看死的人，他這些精靈遊散了，他的天地萬物尚在何處？」（《傳習錄》下：336）

陽明在這一段答問中，從良知之明覺感應來說萬物一體，並且指點出良知是本體宇宙論的創生原理、實現原理。

析言之，問者首先從認識論的立場質疑，認為心與物有別，如何能與禽獸草木同體呢？然而，陽明所謂「人心與物同體」即是其〈大學問〉所云：「大人者，以天地萬物為一體者也」之義。陽明認為：「大人之能以天地萬物為一體也，非意之也，其心之仁本若是，其與天地萬物而為一也。」因仁心以感通為性，潤物為用，仁心之覺潤自不能原則上劃定界限，其極必以天地萬物為一體。此即顯示仁心是自由無限心，而不是認知機能上的識心。故陽明指點問者，應捐棄認知的立場，而從感應之幾上看人心與物同體。

陽明所謂「感應之幾」是指「我的靈明」（良知）之活動而言。因「良知只是一箇天理自然明覺發見處」，則良知之靈明即可說是天地之心。換言之，我的靈明即是天道創生之天心，故云：「充天塞地中間，只有這箇靈明，人只為形體自間隔了。我的靈明，便是天地鬼神的主宰。」

　　然而，何以從良知明覺之感應可說萬物一體呢？此必須理解陽明言「良知明覺之感應爲物」之義。陽明云：「理一而已。以其理之凝聚而言，則謂之性；以其凝聚之主宰而言，則謂之心；以其主宰之發動而言，則謂之意；以其發動之明覺而言，則謂之知；以其明覺之感應而言，則謂之物。」〔註117〕就字義言，「感應」本身並不是物，而只是良知明覺之常照常覺。此「感應」顯然不是感性中之接受或被影響，也不是心理學中的刺激與反應，乃是良知明覺之即寂即感、神感神應之超越的、創生的、如如實現之的感應，是康德所說的「智的直覺」之感應。〔註118〕因此，所謂良知明覺之感應爲物，意即在良知明覺之感應中，就良知所感應者或感應處而言，則名之曰「物」。如是，心與物不是靜態的能所對立之認知關係，而是能所合一的感應關係，是動態的。而所謂的「物」已無對象義，不是現象界之物，而是含有價值意味的「物自身」。〔註119〕換言之，就良知明覺之感應之幾看，天地鬼神萬物皆以其「物自身」（物之在其自身）之本來面目呈現。此即人心與物同體（一體）之旨。

　　由良知明覺之感應說萬物一體，此是橫說的分解；若是豎說縱貫地講，則是：「我的靈明便是天地鬼神的主宰，天沒有我的靈明，誰去仰他高？地沒有我的靈明，誰去俯他深？鬼神沒有我的靈明，誰去辨他吉凶災祥？」由此可見，良知是一創生原理、實現原理，一切存在皆必在我的靈明（良知）中存在；離卻良知，一切皆歸於虛無。

　　但是問者仍未領悟陽明以良知爲創生原理之義，故再度站在認知的立場上發問，認爲天地鬼神萬物皆是客觀的存有，本身千古見在，是吾心認知的對象，何以沒有我的靈明便俱無了？

　　討論至此，陽明乃輕鬆地指點說：「今看死之人，他這些精靈遊散了，他的天地萬物尚在何處？」陽明此語是啓發式的指點語，其實義在於指出若無良知本體之妙用，天地萬物皆歸於死寂，天地萬物尚在何處呢？要之，陽明的回答是一存有論的陳述，而不是一認識論的辨明，足見良知確實是直貫的創生原理、實現原理。

　　良知既與萬物爲一體，則良知必體物而不遺，據此，我們可說良知是天

〔註117〕《傳習錄》中：〈答羅整菴少宰書〉，174。
〔註118〕牟宗三：《從陸象山到劉蕺山》，頁225。
〔註119〕牟宗三：《現象與物自身》，頁6。

地萬物之「本體」，故《傳習錄》又載：

> 朱本思問：「人有虛靈，方有良知。若草木瓦石之類，亦有良知否？」
> 先生曰：「人的良知就是草木瓦石的良知。若草木瓦石無人的良知，
> 不可以爲草木瓦石矣。豈惟草木瓦石爲然？天地無人的良知，亦不
> 可爲天地矣。蓋天地萬物，與人原是一體。其發竅之最精處，是人
> 心一點靈明。風雨露雷，日月星辰，禽獸草木，山川土石，與人原
> 是一體。」（《傳習錄》下：274）

依陽明之意，良知是存有論的形上實體，亦是宇宙論的創生原理。就良知爲
形上實體言，「人的良知就是草木瓦石的良知」，故人與天地萬物皆源於同一
本體。就良知是宇宙論的創生原理言，「若草木瓦石無人的良知，不可以爲草
木瓦石矣」。同理，「天地無人的良知，亦不可爲天地矣」。而人與天地萬物即
源於同一本體（良知）而相連屬爲一體，故云：「天地萬物與人原是一體。」
綜言之，良知是本體宇宙論的創生原理、實現原理。

　　然而關於陽明這一段話，尚有「人禽之辨」之問題須解析。因就良知是
一實現原理言，人與草木瓦石、天地萬物皆以良知爲本體。但就道德實踐言，
人與物有別。對人而言，人能自覺其人心一點靈明而起道德創造之大用，眞
能參天地、贊化育，以完具證實此形上實體（本體）。但在草木瓦石，則不能
有此自覺，故此形上實體只能超越地爲其體，而不能內在地爲其性。故雖人
與萬物同體，但自道德實踐、價值的觀點言，人物有別，此即人之異於禽獸
者幾希之處。

　　綜上所述，可歸結於陽明所云「良知是造化的精靈」一語。陽明云：

> 良知是造化的精靈。這些精靈生天生地，成鬼成帝，皆從此出，眞
> 是與物無對。人若復得他完完全全，無少虧欠，自不覺手舞足蹈。
> 不知天地間更有何樂可代？（《傳習錄》下：261）

陽明所謂「良知是造化的精靈」，這是本體宇宙論地說，同於「此是乾坤萬有
基」之義。而「人若復得他完完全全，無少虧欠」則是道德實踐地說。實則，
只要吾人反身而誠，復得良知本體精精明明，則「只此便是天地之化」（明道
語）。因我的靈明是一個超越而普遍的靈明，是一與物無對的無限心，是創生、
實現原理，是生天生地、成鬼成帝的「精靈」（精靈只是一個，陽明用「這些
精靈」一語，易生歧義，而誤以爲良知本身爲多），故總持地說，良知是造化
的精靈，是道德實踐的超越根據，同時是存有論的根據。

（二）心外無物

1. 陽明「心外無物」之二義

「心外無物」是陽明思想中備受爭議的一個論點。而徵諸《傳習錄》，陽明言「心外無物」有指道德實踐地說，有指存有論地終窮之辭，後者亦顯示出良知之絕對性。

原初陽明言「心外無物」是緊扣道德實踐說的，陽明云：

> 心外無物。如吾心發一念為孝親，即孝親便是物。（《傳習錄》上：83）

《傳習錄》又載云：

> 愛曰：「〔……〕格物的『物』字，即是『事』字，皆從心上說。」
> 先生曰：「然。身之主宰便是心，心之所發便是意，意之本體便是知，意之所在便是物。如意在於事親，即事親便是一物。意在於事君，即事君便是一物。意在於仁民愛物，即仁民愛物便是一物。意在於視聽言動，即視聽言動便是一物。所以某說無心外之理，無心外之物。」（《傳習錄》上：6）

根據這兩段話，陽明言「心外無物」之「物」是指「意之所在便是物」，如意在於事親，即事親便是一物。如是，「物」即是「事」，或可名曰「行為物」。依陽明所云「心之所發便是意」與「意之所在便是物」，不難理解「心外無物」之義。因設若吾心未發念孝親，則孝親這一「物」（事）便不存在。換言之，離開了道德本心的自覺，是沒有真正道德行為的。因此，道德本心（良知）是道德實踐所以可能的超越根據。此即是陽明本諸道德實踐所言的「心外無物」之含義。

至於就良知之絕對性所言之「心外無物」，則見於「先生遊南鎮」一段：

> 先生遊南鎮。一友指岩中花樹問曰：「天下無心外之物。如此花樹在深山中自開自落，於我心亦何相關？」先生曰：「你未看此花時，此花與汝心同歸於寂。你來看此花時，則此花顏色一時明白起來，便知此花不在你的心外。」（《傳習錄》下：275）

問者不明「天下無心外之物」是存有論的語句，仍從能所為二的認知立場發問，殊不知其所謂的「天下無心外之物」之「心」與「於我心亦何相關」之「心」是異質異層的，前者是無限心，後者則是認知心。陽明面對此詰難，則以輕鬆之指點回答，意即：我與花俱在一靈明之感應中呈現。感則俱現，

寂則俱寂。良知本是一涵蓋乾坤之「實現原理」。〔註120〕據此，心外無物。

對於陽明的回答，吾人亦可有以下的分析：

首先就良知是造化的精靈言，它是一無限心，它超越時空相，無所謂「你未看此花時」，亦無「你來看此花時」，良知本自亙古常存，它擔負著天地萬物的存在，故我與花皆以良知爲本體。因此，不論未看之時或已看之時，我與花皆存在。

其次，既然我與花皆以良知爲本體，則我的良知即是此花的良知，我與此花皆「本體論的圓具」良知。但自「道德實踐地具」言之，人能自覺地作道德實踐以彰顯此良知本體，物則不能，物不能起道德創造之大用，故無法彰顯完具此良知本體。〔註121〕因此，當陽明說：「你未看此花時，此花與汝同歸於寂」，意即吾人良知未呈現時，我與花皆只是一形式說的潛存的存在（不是虛無），二者存在的眞實性並未彰顯出來。而「你來看此花時，則此花顏色一時明白起來」，則是表示吾人良知呈現時，不僅證實自己存在的眞實性，而且此花存在的眞實性亦在良知明覺感應下朗現出來，故云「此花顏色一時明白起來」（此時所謂的「此花顏色一時明白起來」，不是認知心所理解辨識的顏色，而是指此花存在的眞實性已彰顯出來）。

最後陽明所指點的「此花不在你的心外」，並不同於西哲柏克萊認識論立場上所欲證明的「存在即被知」（To be is to be perceived.），但這也是「存在依於心」的說法。而此「存在依於心」是從本體宇宙論的立場說的，是縱貫的。此「心」是無限心，是天心，是作爲「造化的精靈」之「良知」，它本身即是直貫的創生原理、實現原理。換言之，我們可說「存在依於心」相當於「存在依於道體」，而「天下無心外之物」即同於「天下無道外之物」。足見「良知」是一切存在的存有論之根據。

實則，陽明之前，孟子已謂「萬物皆備於我」，《中庸》亦云「不誠無物」，而明道喜言「只此便是天地之化，不可對此個別有天地」，乃至象山常言「道外無事，事外無道」，凡此皆與陽明「天下無心外之物」之義相同。故陽明所謂的「心外無物」實是由道德的體證至其極所成的理境。析言之，就「道德的形上學」言，成就個人道德創造的道德本心，總是連帶著其宇宙生化而爲

〔註120〕牟宗三：《王陽明致良知教》，頁106。
〔註121〕「本體論的圓具」與「道德實踐地具」之分別，詳參牟宗三先生《心體與性體》，第 1 冊，頁71～72。

一體的；因仁心覺潤無外，良知明覺之感應亦無外，必與天地萬物全體相感應。如是，一切存在皆於良知明覺之感應顯發明通中存在，良知與物一起朗現。故道德實踐中良知感應所及之物，與存有論的存在之物兩者之間並無距離。〔註122〕

　　要之，「心外無物」是存有論地終窮之辭。即物而言，心在物；即心而言，物在心。〔註123〕心與物冥合爲一，皆有其無限性、永恆性的意義。

2. 澄清陽明「心外無物」之誤解

　　對於陽明所謂「心外無物」，許多學者往往摭拾西方哲學之名詞與觀念闡釋古籍，逐視陽明爲唯心論，〔註124〕且將陽明之「心外無物」類比西哲柏克萊（George Berkeley, 1685～1753）的主觀唯心論（subjective idealism）；也有學者以爲陽明之「心外無物」即是佛家所稱「三界唯心」。凡此諸說不僅不能客觀地理解陽明「心外無物」之實義，反徒增許多繳繞，實有澄清之必要。

　　主張陽明「心外無物」是西哲柏克萊「主觀唯心論」的學者，以張君勱（1887～1969）、吳康（1897～1976）爲代表。張君勱認爲陽明「所以覺悟之關鍵，在其『無心外之理心外之物』之九字，此與後來英哲拔克萊所謂『存在（物）必經過覺知，其不知覺者，即爲不存在』云云，爲同一性質。」〔註125〕吳康則以「心外無物」及「先生遊南鎮」諸說，認爲陽明同於柏克萊的主觀唯心論，他說：「良知爲心之本體，即是天理，故心外無理，心外無事，心外無物。則人心與物同體，天地鬼神萬物，如無吾心（靈明）即不存在，故岩中花樹，亦不在我心外，此即爲純粹主觀的觀念論，與愛爾蘭柏克萊之說，不期而相邪許者矣。」〔註126〕

　　此外，中國大陸學者，多以「唯心」、「唯物」二分的方式，與兩者之間的鬥爭爲主題，來講中國思想。於此意識型態下，陽明自被視爲「主觀唯心論」，以爲王陽明哲學即是中國的柏克萊主義。〔註127〕並且將陽明「心外無物」

〔註122〕牟宗三：《從陸象山到劉蕺山》，頁223。
〔註123〕牟宗三：《現象與物自身》，頁98。
〔註124〕以陽明思想爲西方「唯心論」者多矣，如：馮友蘭、范壽康、錢穆、甲凱、容肇祖、梁啓超、張君勱、吳康等人。
〔註125〕張君勱：《比較中日陽明學》（臺北：中華文化出版事業委員會，1955 年），頁8～9。
〔註126〕吳康：《錫園哲學文集》，上冊（臺北：臺灣商務印書館，1961 年），頁284。
〔註127〕大陸學者多認爲王陽明的哲學思想和貝克萊、馬赫相類似，因而引用列寧批判馬赫主義的言論來批評王陽明的某些論述。少數學者如伍雄武認爲王陽明

看成意識和物質，思維和存在的關係問題，認爲陽明是用主觀吞并了客觀，用精神吞并了物質的主觀唯心論。〔註 128〕

　　至於容肇祖（1897～1994）則認爲陽明「心外無物」是同於佛家「三界唯心」，他引陽明「先生遊南鎭」與「我的靈明」一段爲憑，說道：「他（陽明）以爲天地萬物在吾人心中，沒有我的靈明，天地萬物俱無了，這是極端唯心論的見解，很帶有佛家所謂『三界惟心，山河大地爲妙明心中物』的色彩。」〔註 129〕

　　以下，吾人僅將柏克萊之 subjective idealism 和佛家「三界唯心」之說加以說明，則以上諸說與陽明「心外無物」之間的無謂繳繞，即可不辯而明。

　　一般人所謂的「主觀唯心論」、「主觀觀念論」即是指十八世紀英國哲學家柏克萊的 subjective idealism，這也是一種「心外無物」的說法。依柏克萊之意，idea 是指我們肉眼看得見的「相」，是吾人五官感覺所覺知的具體現象，是指客觀而具體的存在；而不是所謂的「觀念」（因觀念表示主觀的態度）。故柏克萊的 subjective idealism 不當譯爲「主觀觀念論」，當該譯爲「主觀的覺象論」。〔註 130〕

　　既然柏克萊之 idea 是「覺象」（percept），則它必具有具體的（concrete）、現實的（actual）、特殊的（particular）三種特性。因這些知覺所覺知的現象一定要和我們認知心發生關係，所以是具體的，凡具體的都是現實的，也是特殊的。假如有一個東西和任何認知主體不發生關係，這個東西一定是個抽象的概念，事實上沒有（nothing）。換言之，一個東西若不和我的認知心發生關係，也會和你的認知心發生關係；不和我們人類有限的存有發生關係，最後也得和無限的存有（上帝）發生關係。總之，凡存在之物必和一個認知主體發生關係。

　　根據以上的思路，柏克萊認爲："To be is to be perceived." 意即「存在即被知」。設若一個東西是個存在而又永遠不被覺知，最後也不被上帝所覺知，則這個東西一定沒有，是個抽象的概念。柏克萊這樣的辯論是頗爲合理的。

之「心外無物」源於道德生活。有關大陸學者研究陽明之情況，參錢明：〈當代中國的陽明學研究〉（《中國哲學論集》，第 13 期（福岡：九州大學中國哲學研究會，1987 年 10 月），頁67～78。
〔註 128〕楊天石：《王陽明》（北京：中華書局，1972 年），頁39～44。
〔註 129〕容肇祖：《明代思想史》（臺北：臺灣開明書店，1973 年），頁85。
〔註 130〕牟宗三：〈中西哲學會通〉四，《中國文化月刊》，第 73 期（1985 年 10 月），頁8～11。

　　然而柏克萊這句話若從認識論的立場言，是不能證明的。例如：遠山仍在，但我雙眼並未看見，怎能說「存在即被知」（To be is to be perceived.）呢？所以柏克萊這句話就認識論而言，是不能證明的。但若由泛關係的存有論爲背景，而以和主體發生關係爲存在之根據，則「存在即被知」便成一存有論的陳述。而就柏克萊的思路言，他開始時似是一個認識論的說法，但說到最後必須說到上帝，這就不是認識論的講法。從認識論忽然轉到上帝來擔保「存在即被知」的原則，「無異混淆了存在學與知識論的研究領域」，〔註131〕這其中當然有問題。

　　然而，依柏克萊之意，他這一主張最後一定要靠上帝來保障才行，當他說「存在即被知」時，並不是純認知關係，而是以泛關係的存有論爲背景來說認知的關係。因此柏克萊依「存在即被知」而說的「心外無物」，最後必須要靠上帝才能立論。

　　至於佛家的「三界唯心」，我們可由唯識宗的「境不離識，唯識所變」來說明。佛教所謂的「境」即是「對象」（object），而「識」則指前五識（耳、目、鼻、舌、身）、第六識（意）、第七識（末那）、第八識（阿賴耶），均就主體而言。所謂「境不離識，唯識所變」，乃指「境」（外在對象）一定和「識」（認知主體）發生關係，而且「境」只是「識」所變現出來的。唯識宗的這種說法，不是陽明的「心外無物」，也不是柏克萊的「存在即被知」，而是「泛心理主義」立場下說的「心外無物」。因爲佛教講「識」，爲的是講煩惱、講執著。照佛教的看法，萬物皆是「識」所變現出來的，全是如幻如化，無自性。例如：吾人心中若不高興，則山河大地全是煩惱；反之，吾人心中喜悅，則山河大地亦高聲歡唱。此或許是容肇祖所說的：「三界惟心，山河大地爲妙明心中物。」又如佛教天台宗荊溪湛然（771～782）所謂的「煩惱心遍」即是「生死色遍」〔註132〕亦表此義。煩惱是「心」，生死是「色」（屬於存在的問題）。整個現實人生宇宙全是個煩惱，煩惱心遍一切處即是生死的色遍一切處；有煩惱心的地方，就有生死的色法存在。此即是佛教於「泛心理主義」背景下講的「心外無物」。

　　明白了柏克萊的主觀覺象論與佛教唯識宗的識變論，我們發現此兩種「心

〔註131〕傅偉勳：《西洋哲學史》（臺北：三民書局，1984年），頁355。

〔註132〕荊溪《金剛錍》云：「以由煩惱心性體遍，云佛性遍。故知不識佛性遍者，良由不知煩惱性遍故。唯心之言，豈唯眞心？子尚不知煩惱心遍，安能了知生死色遍？色何以遍？色即心故。」

外無物」的說法與陽明所謂的「心外無物」均各有其不同義理背景，不同論證方法，實不能妄加比附，以造成義理的混淆。析言之，柏克萊的「存在即被知」，是西方上帝創造下的「心外無物」，開始時是認識論的辯論，但那辯論無法站得住，必須靠上帝才能說「心外無物」。而佛教則是「泛心理主義」下的「心外無物」，重點在說明煩惱。至於陽明的「心外無物」是道德創造下的「心外無物」，是以「道德的形上學」爲義理間架下的「心外無物」，它不從認識論上證明，也不從上帝創造來說明，更不是「泛心理主義」的說法；而是屬於「本體宇宙論」的縱貫創生之說。〔註133〕

　　至於把陽明「心外無物」誤解爲柏克萊「主觀唯心論」的學者，其理解的偏差在於．〔註134〕

1. 誤解絕對普遍的無限心、道德本心、良知爲認知心，爲實然的心。不知此道德本心即是性、即是理，即是天道。良知之「純亦不已」與天道之「於穆不已」，其爲創造之眞幾一也。這是對「心外無物」之「心」的錯解。

2. 誤解良知明覺之感應下的「物」是認知關係中，能所橫列的現象界之物。而不明瞭良知明覺之感應下的「心外無物」之「物」，是智的直覺下的「物自身」。這是對「心外無物」之「物」的錯解。

3. 誤解良知明覺之感應之活動，是「心」「物」爲二下的認知關係，是主客對立的。不知良知明覺之感應原是一「智的直覺」之知，良知直覺之，即創造之，良知與物一起朗現。這是對良知明覺之感應的作用之誤解。

　　因此，經過以上觀念的釐清，可以得知：陽明的「心外無物」既不是柏克萊的主觀覺象論（subjective idealism），也不是佛家的「三界唯心」，而是基於中國儒家「道德的形上學」傳統，所彰顯的「客觀而絕對之唯心論」，〔註135〕在西方還找不到相同的理路。〔註136〕

〔註133〕以上有關柏克萊之「主觀覺象論」與佛教唯識宗之「境不離識，唯識所變」之觀念疏解，根據牟宗三先生「中國哲學史專題研究」課堂筆記寫成。

〔註134〕筆者之看法與吳登臺同，見氏著〈「心學」是否爲唯心論商榷〉一文（《鵝湖月刊》，第4卷第3期〔1978年9月〕，頁10～11）。

〔註135〕牟宗三：《從陸象山到劉蕺山》，頁491。

〔註136〕劉述先：《朱子哲學思想的發展與完成》（臺北：臺灣學生書局，1982年），頁491。

七、小結──良知是「即存有即活動」的創造眞幾

「良知」是陽明思想的中心概念，凡分解說的天道、性命、天理、本心，俱收攝於「良知」而相貫通爲一。因此，綜上所述，就良知之「體」的說明言，良知是先驗的，具先天性、常存性，它不在現象界的自然因果條件系列中。復次，就良知之「體用一源」言，其「體」可從「虛靈明覺」來理解，而此知體明覺所發之「用」，則是明誠相生、常覺常照的「智的直覺」之知、德性之知。

進一步，就良知之承體起用言，則可分解出良知三性──主觀性、客觀性與絕對性。前二者彰顯良知是道德實踐之所以可能的超越根據，良知是道德實體而開出道德界。後者則顯示良知是一切存在的存有論根據，良知是形上實體，是涵蓋乾坤的實現原理、創生原理，故良知開存在界，而「道德的形上學」亦由此挺立完成。如是，盈天地間活潑潑地，無非是良知之流行不息。故陽明嘗云：「良知亦只是這口說，這身行，豈能外得氣別有箇去行去說呢？」〔註137〕又云：「天地萬物，俱在我良知的發用流行中，何嘗又有一物超於良知之外，能作得障礙？」〔註138〕只此（良知）便是天地之化。

因此，在良知之承體起用的道德創造、明覺感應中，平置的現實世界（現象界），皆上提於良知本體，成爲一良知本體直貫下的眞實世界，天地萬物因而呈現其本來之眞面目（「物之在其自己」的存在）。換言之，人與天地萬物皆成爲一充滿道德價值的眞實存在，具無限的意義，此即是創造的本義。一言以蔽之，良知實是一「即存有即活動」的創造眞幾。

〔註137〕《傳習錄》下：242。
〔註138〕《傳習錄》下：269。

第四章　如何成聖之實踐工夫──致良知

第一節　天理與人欲

陽明嘗云：「聖人之所以爲聖，只是其心純乎天理，而無人欲之雜。」又云：「學者學聖人，不過是去人欲而存天理耳。」〔註1〕足見在探討道德實踐的工夫問題上，天理與人欲是首先凸顯的觀念。

「天理」與「人欲」之說，出自《禮記‧樂記》，其言云：

> 人生而靜，天之性也，感於物而動，性之欲也。物至知知，然後好惡形焉；好惡無節於內，知誘於外，不能反躬，天理滅矣。夫物之感人無窮，而人之好惡無節，則是物至而人化物也。人化物也者，滅天理而窮人欲者也。

〈樂記〉這一段話，認爲「人欲」由人性感於物而動而來，並透過人之感物無窮而好惡無節，終淪至於爲物所化之步步陷溺，對「惡」的起源提出了一種解釋。嗣後，宋明儒即據此而以「天理」、「人欲」這一對觀念，建立了勞思光先生所謂的「道德生活中之二元性」（ethical duality）。因道德生活是指吾人自覺地作「爲善去惡」的實踐工夫；據此，「善」「惡」之二元性必須建立，否則「惡之可能不能說明，道德生活及一切價值判斷亦將無從安立」。〔註2〕而就儒家性善論的傳統言，對於「天理」與「人欲」的討論，多著重於正面「天理」的講明，先立其大本；至於「人欲」，只是在「何以有爲善，有爲不善？」這問題上，

〔註1〕《傳習錄》上：99。
〔註2〕勞思光：《中國哲學史》，第3卷上（香港：友聯出版社，1980年），頁59。

才不得不論及。換言之，天理、人欲之分，初非自人心之大本大原上看出，而是自人心之流之末上看出。〔註3〕本節即本此觀點，就「道心人心只是一心」、「善惡只是一物」兩方面來探討陽明對「天理」與「人欲」的看法。

一、道心、人心只是一心

陽明認為聖人之學，心學也，而「人心惟危，道心惟微；惟精惟一，允執厥中」之十六字傳心訣，陽明更視為心學之源，〔註4〕故陽明嘗言道心、人心，並由此而言天理、人欲之別。陽明云：

> 心一也，未雜於人謂之道心，雜以人偽謂之人心。人心之得其正者即道心，道心之失其正者即人心，初非有二心也。程子謂人心即人欲，道心即天理，語若分析，而意實得之。（《傳習錄》上：10）

又云：

> 「率性之謂道」，便是道心。但著些人的意思在，便是人心。道心本是無聲無臭，故曰微。依著人心行去，便有許多不安穩處，故曰危。（《傳習錄》下：250）

又〈重脩山陰縣學記〉亦云：

> 道心者，率性之謂，而未雜於人；無聲無臭，至微而顯，誠之源也。人心則雜於人而危矣，偽之端矣。見孺子之入井而惻隱，率性之道也。從而內交於其父母焉，要譽於鄉黨焉，則人心矣。飢而食，渴而飲，率性之道也，從而極滋味之美焉，恣口腹之饕焉，則人心矣。〔註5〕

由這三段話，可以很明顯地看出陽明對道心與人心的看法，茲詳加說明如下：

首先，陽明認為就道德本心言，只是一至善之心，原初並無道心與人心之別，故云「心一也」、「初非有二心」。而細繹陽明此說法，頗類似象山。象山云：「心一也，人安有二心？自人而言，則曰惟危；自道而言，則曰惟微；罔念作狂，克念作聖，非危乎？無聲無臭，無形無體，非微乎？」〔註6〕觀此，則知象山、陽明都從無聲無臭來說道心，但象山卻從罔念作狂，克念作聖之處而言

〔註3〕唐君毅：《中國哲學原論》（原教篇）（香港：新亞研究所，1975年），頁293。

〔註4〕《全書》，第1冊，卷7，〈象山文集序〉，頁13b。

〔註5〕同前書，第1冊，卷7，〈重脩山陰縣學記〉，頁21b。

〔註6〕陸九淵：《陸九淵集》（臺北：里仁書局，1981年），卷34，〈語錄上〉，頁396。

「人心惟危」，陽明則從「雜以人偽」來看人心之危。雖然二人對人心的分解稍有差異，但皆從本原上肯認道心、人心初非有二心，天理與人欲為一心之**翻轉**。關於此義，唐君毅先生有極透闢的解析：「如天理人欲成相對並存之二事，則人心縱然一念警策，與天地相似，仍上有天理在此心之上，或下有人欲存此心之底，則心終不得與理為一，乃不免自與理成相對或與欲成相對。此一相對之感，即足以致此心之再落於細小，而使象山簡易直截之工夫成不可能。」〔註7〕唐先生之言雖指象山而言，實亦暗合陽明道心、人心原初只是一心之旨。

其次，分解地說，陽明取程伊川道心即天理，人心即人欲之別，以說明人何以有為不善之情形產生。依陽明之意，至善之本心未雜人偽名曰「道心」，反之，本心雜以人偽，著些意思，便是「人心」。並不是先有一個道心，再另外立一個人心來與之相對。換言之，道心、人心同是一心，但猶如反覆手，一翻轉便是人心，故云：「人心之得其正者即道心，道心之失其正者即人心。」據此，道心即天理，人心即人欲。

析言之，依陽明之思想脈絡言，良知是心之本體，是天理之自然明覺發見處，良知是「天命之性，粹然至善」，此即「心一也」、「初非有二」之「心」。然而當吾人發心動念之際，若吾人是循良知明覺之天理而行，良知不失其自性而為主宰，此即陽明所謂「率性之謂道」之「道心」，是「誠之源」。反之，若吾人之存心因雜以人偽而不能依良知本然之天則而行，則是道心失其正而為人心，乃偽之端。易言之，良知之天理作主則為道心，良知失其天理自然明覺之自性，即顛倒滑轉為人心，人欲由此滋長，惡於此處發源。

例如：人乍見孺子將入於井，本心覺動而天理在此呈現為怵惕惻隱之不安，吾人即無條件地興起往救之念。如是，吾人之心本良知之天理而行，而無一毫人欲之私，此即是道心。然而，倘若吾人救孺子之行動，不是發自本心無條件的命令，而是摻雜著個人私意的計度、利害的考量，如：為內交於孺子之父母，或欲要譽於鄉黨，以此存心，則是人心。此時若不將此念頭克治而順其滑落，則雖同是救孺子之行動，前者是道心，是天理，是善行；而後者則是人心，即是人欲，稱不上是真正善行。久而久之，人之當下每一行動，不再是無條件的天理之應當，不再是目的；而只是基於有條件的幸福原則而行，道德成了手段，「惡」（人欲）於茲萌焉。誠如楊祖漢先生所云：「人之為惡，大概都是如此一步一步的往下墮的。而其開始，便是心靈的一下子

滑轉，採入感性性好以作其行善之動力。如是人便很自然的逐漸習於以性好的滿足爲行動之唯一動力，於是人便會成爲惡人。」〔註8〕由此可見，道心與人心，只繫於一心之超拔與陷溺。

關於人心，陽明有諸多眞切的說法形容之，如從未當理言：

> 心即理也，無私心，即是當理；未當理，便是私心。（《傳習錄》上：94）

又從放失本心言：

> 或曰：「人皆有是心，心即理。何以有爲善、有爲不善？」先生曰：「惡人之心失其本體。」（《傳習錄》上：34）

更常見的是從着些人的意思言：

1. 七情順其自然之流行，皆是良知之用，不可分別善惡，但不可有所著。七情有着，俱謂之欲，俱爲良知之蔽。（《傳習錄》下：290）

2. 喜怒哀樂，本體自是中和的，才自家着些意思，便過不及，便是私。（《傳習錄》上：58）

3. 沈空守寂與安排思索，正是自私用智，其爲喪失良知一也〔……〕若是私意安排之思，自是紛擾。（《傳習錄》中：〈答歐陽崇一〉，169）

4. 然天理亦自有箇中和處，過即是私意，大抵七情所感，多只是過，少不及者，才過便非心之體。（《傳習錄》上：44）

5. 欲也者，非必聲色貨利外誘也，有心之私，皆欲也。〔註9〕

由以上陽明論及人心、私欲之言來看，陽明認爲良知本體是寂然不動，順此則感而遂通；良知是未發之中，由此則發而中節；良知是廓然大公，因之則物來順應。良知發用流行處自有輕重厚薄，毫髮不容增損。然若着了些人的偏執，便是過與不及，已非良知本體。換言之，凡於良知本體上過與不及，皆是良知之蔽，即是人心。

然進一步細繹陽明所云「有所着」、「自家着些意思」、「安排思索」、「有心之私」，實大抵偏向由「過」來說明人心。何以「過」即是私意、即是私欲之所由生？唐君毅先生的分析，足使吾人知其所以然。唐先生認爲，「過」是

〔註8〕 楊祖漢：《儒學與康德的道德哲學》（臺北：文津出版社，1987年），頁101～120。

〔註9〕 《全書》，第1冊，卷5，〈答倫彥式〉，頁3b。

由吾人最初自覺求實現某一善而有某活動，繼而吾人求善之清明之心復喪失而生。心既不能涵蓋主宰於吾人活動之上，吾人之活動遂常往而不返，成任氣之活動，不能止於恰到好處，此即為過。成為過，即違其他之善，在他處為不及，並於其所自覺欲實現之善，亦越過而失之，不能真實現之。如吾人之求仁而愛人之活動之過為姑息，姑息則違義亦違仁。進而，吾人陷於過時，吾人之心蔽陷於一活動之方式而任其氣之馳。吾人此時即有一我執，對於其他活動及他人之活動有一排斥之勢。此蔽陷、我執之心，即可與吾人無限之好名、好勝、好色、好貨之私欲相緣引；及私欲起而吾人心之清明益蔽，遂使吾人之道德活動根本間斷，此所造成之不善不只為過，而是一本身不善或惡之意識。〔註10〕由此可見，由本心之求善而失明覺以為「過」，至任氣之馳，我執之偏而私欲作，皆由於良知本體上著些意思而牽引出來。此義尚可由陽明大弟子王龍溪（名畿，1498～1573）批評唐荊川（名順之，1507～1560）的一段話來體會，〈維揚晤語〉有如下的記載：

> 荊川唐子，開府維揚。邀先生往會，時已有病，遇春汛。日坐治堂，命將遣師，為防海之計。一日退食，笑謂先生曰：「公看我與老師之學有相契否？」先生曰：「子之力量，固自不同；若說良知，還未致得在。」荊川曰：「我平生佩服陽明之教，滿口所說，滿紙所寫，那些不是良知？公豈欺我耶？」先生笑曰：「難道不是良知？只未致得真良知，未免攙和。」荊川憤然不服云：「試舉看。」先生曰：「適在堂遣將時，諸將校有所稟呈，辭意未盡，即與攔截，發揮自己方略，令其依從。此是攙入意見，心便不虛，非真良知也。將官將地方事體請問某該處如何設備，某事卻如何追攝，便引證古人做過勾當，某處如此處，某事如此處，自家一點圓明，反覺凝滯。此是攙入典要，機便不神，非真良知也。及至議論未合，定著眼睛沈思一回，又與說起。此等處認作沈幾研慮，不知此已攙入擬議安排，非真良知也。有時奮掉鼓激，屬聲抗言，使若無所容，自以為威嚴不可犯，不知此是攙入氣魄，非真良知也。有時發人隱過，有時揚人隱行，有時行不測之賞，加非法之罰。自以為得好惡之正，不知自己靈根，已為搖動，不免有所作，非真良知也。他如製木城、造銅

〔註10〕唐君毅：《文化意識與道德理性》（下）（臺北：臺灣學生書局，1975 年），頁255～257。

面、畜獵犬，不論勢之所便，地之所宜，一一令其如法措置，此是擾入格套，非真良知也。嘗曰：『我一一經營，已得勝算，猛將如雲，不如著一病都堂在陣。』此是擾入能所，非真良知也。若是真致良知，只宜虛心應物，使人人各得盡其情。能剛能柔，觸機而應，迎刃而解，更無些子擾入。譬之明鏡當臺，妍媸自辨，方是經綸手段。纔有些子才智伎倆，與之相形，自己光明，反為所蔽。口中說得十分明白，紙上寫得十分詳盡，只成播弄精魂，非真實受用也。」荊川憮然曰：「吾過矣。友道以直諒為益，非虛言也。」〔註11〕

舉凡典要、擬議安排、氣魄、有所作、格套等，均於良知本體有所着，已是障礙，已成私欲、人心，足以間隔良知之天理。因此，陽明喜從本體上着些意思言私欲、人心之所由生，可謂深微切中。若非深察人心之惟危者，孰能道出此言乎？

二、善、惡只是一物

於陽明思想脈絡中，善、惡亦是天理與人欲的同義語；而陽明亦有極精微的剖析。《傳習錄》載云：

> 侃去花間草。因曰：「天地間何善難培，惡難去？」先生曰：「未培未去耳。」少間曰：「此等看善惡，皆從軀殼起念，便會錯。」侃未達。曰：「天地生意，花草一般，何曾有善惡之分？子欲觀花，則以花為善，以草為惡。如欲用草，復以草為善矣，此等善惡，皆由汝心好惡所生，故知是錯。」曰：「然則無善無惡乎？」曰：「無善無惡者理之靜，有善有惡者氣之動。不動於氣，即無善無惡，是謂至善。」曰：「佛氏亦無善無惡，何以異？」曰：「佛氏著在無善無惡上，便是一切都不管，不可以治天下。聖人無善無惡，只是無有作好，無有作惡，不動於氣。然遵王之道，會其有極。便自一循天理，便有箇裁成輔相。」〔……〕〔先生〕曰：「草有妨礙，理亦宜去。去之而已。偶未即去，亦不累心。若著了一分意思，即心體便有貽累，便有許多動氣處。」曰：「然則善惡全不在物？」曰：「只在汝心。循理便是善，動氣便是惡。」（《傳習錄》上：101）

〔註11〕 王畿：《龍谿王先生全集》上（臺北：廣文書局；京都：中文出版社，1975年。據日本江戶年間和刻本影印），卷之一，〈維揚晤語〉，頁111～114。

在這一段問答中，陽明首先指出，凡從「軀殼起念」、「汝心好惡」來看善惡，便會錯。因依此種觀點而言的善惡，皆是相對的。即如陽明所舉之例：如欲觀花，則以花爲善，以草爲惡；若欲用草，則復以草爲善。如此一來，善不能成其爲善，惡不能成其爲惡。究其因，乃善惡之標準是在經驗界、意念層上的「軀殼起念」、「汝心好惡」（即情感用事）上。因此，凡依此而言的善惡，皆已落入相對的善惡中，不能建立評價善惡的標準──至善。

進言之，善惡之標準不能建立於經驗意念層上，由此逼顯出：「善」必須是超越的，不與「氣之動」之善惡相對的「至善」。故陽明云：「無善無惡者理之靜，有善有惡者氣之動；不動於氣，即無善無惡，是謂至善。」析言之，「無善無惡」是就「理之靜」（天理之定，動亦定，靜亦定）言，天理是至善的，凡氣之動中之善惡相對之謂詞俱用不上，故「無善無惡」是「至善」。換言之，陽明所謂的「無善無惡」只是遮撥善惡相對的對待相，並非遮撥良知天理之爲至善。因此，無善無惡不是全無好惡，從本體上說是「不可以稱善，亦不可以惡名」的「至善」；從工夫上說，只是「無有作好，無有作惡」，只是好惡一循於「理」（良知之天理）。

而另一方面，就超越的「理之靜」言，「惡」之萌起就在「氣之動」這個層面言。氣之動猶意之動，當吾人意念一起時，循天理而行則是善，著於物欲則是惡，故氣之動不必然是惡。但陽明更進一步指出，若在好善惡惡上，又著一分意思，又著於意之動的念頭上，此便夾雜了私欲，即是「動於氣」。如是，由自然的「氣之動」而摻雜「動於氣」，即陽明所謂的「惡」。因爲此時就「氣之動」而言之有善有惡，已由於「動氣」而善惡一齊皆壞。〔註12〕故陽明總持地說：「動氣便是惡」。

因此，由「氣之動」雖可言「惡」（自然之惡），但陽明更強調由「動於氣」而指涉「惡」（道德之惡）。分析至此，可見善惡全不在物上言，而只就心體之「動於氣」或「不動於氣」說。不動於氣，便是心體之本然，即是「至善」；若動於氣，則不論善念或惡念，皆於心體有貽累，此即是「惡」。

然而，心體何以可能爲氣所動？此不能從「無善無惡」之心體言，否則即與「至善」之概念相衝突，故「動氣」須歸諸於「軀殼起念」來說明。關於此義，熊十力（1885～1968）先生云：「吾人本性無染，何故流於惡耶？只徇形骸之私，便成乎惡，王陽明先生所謂『軀殼起念』是也。人之生也，形氣限之，

〔註12〕牟宗三：《王陽明致良知教》（臺北：中央文物供應社，1980年），頁80。

有了形骸，便一切爲此身打算，即凡思慮行爲，舉不越此一身計，千條萬緒之染業，皆由此起。」〔註13〕牟宗三先生亦云：「惡的最基本的意義，就是人心陷於物欲，亦就是順軀殼起念。軀殼，用現在的話說，就是生理的機體。人的心思，若順此機體被誘惑而追逐下去，無窮的罪惡皆從此出。」〔註14〕由此可見，人之有限性乃因吾人有軀殼形骸，此軀殼自成一套機括，其本身自有其複雜性，自有聲色貨利、喜怒哀樂好欲等本能需求。而原初就「軀殼」而言，亦本無善惡可言。然當吾心順軀殼之有限性而起念執著時，當下即有私欲夾雜，已非良知天理無限性之本體，「惡」即於此存心一念陷溺時萌生。因此，心體之動於氣雖由軀殼起念可說明，但惡之根源不在軀殼，而是就心憑依軀殼而起念之「念」處言「惡」。此「念」猶如佛家所言「無明風動」，它是無根的，它當下可有，亦當下可消除而歸於無。

　　與「侃去花間草」相關的另一處論點，則是「善惡只是一物」，此可作爲陽明對善惡問題之綜括性的看法。《傳習錄》載云：

　　　　問：「先生嘗謂善惡只是一物。善惡兩端如冰炭相反，如何謂只一
　　　　物？」先生曰：「至善者心之本體。本體上才過當些子，便是惡了。
　　　　不是有一箇善，却又有一箇惡來相對，故善惡只是一物。」直因聞
　　　　先生之說，則知程子所謂「善固性也，惡亦不可不謂之性。」又曰：
　　　　「善惡皆天理，謂之惡者本非惡，但於本性上過與不及之間耳。」
　　　　其說皆無可疑。（《傳習錄》下：228）

這一段話顯示陽明所謂「善惡只是一物」，此說於程明道之「善固性，惡亦不可不謂之性」等諸語皆有據，故吾人將先溯源明道之言之實義，再對陽明之說作確切的理解。

　　程明道云：

　　　　「生之謂性」，性即氣，氣即性，生之謂也。人生氣稟，理有善惡。
　　　　然不是性中元有此兩物相對而生也。有自幼而善，有自幼而惡，是
　　　　氣稟有然也。善固性也，然惡亦不可不謂之性也。蓋「生之謂性」，
　　　　「人生而靜」以上不容說，才說性時，便已不是性也。凡人說性，
　　　　只是說「繼之者善也」，孟子言人性善是也。夫所謂「繼之者善也」
　　　　者，猶水流而就下也。皆水也，有流而至海，終無所污，此何煩人

〔註13〕熊十力：《新唯識論》（臺北：河洛圖書出版社，1975年），頁78。
〔註14〕牟宗三：《道德的理想主義》（臺北：臺灣學生書局，1982年），頁15～16。

力之爲也？有流而未遠，固已漸濁。有出而甚遠，方有所濁。有濁
之多者，有濁之少者，清濁雖不同，然不可以濁者不爲水也。如此，
則人不可以不加澄治之功。故用力敏勇則疾清，用力緩怠則遲清，
及其清也，則却只是元初水也，亦不是將清來換却濁，亦不是取出
濁來置在一隅也。水之清，則性善之謂也。故不是善與惡在性中爲
兩物相對，各自出來。〔註15〕

這一段話是程明道言「性」的重要文獻，含義甚爲豐富，其中也涉及對惡的
來源提出理論的說明。本文只就此文獻加以探討，因宋明儒論及善惡問題，
大體上皆與明道之看法不相悖，陽明亦然。

明道所謂「生之謂性」，意即「於穆不已」之生德生理在個體形成時，就
具於個體之中，以此而言「性」。既從「個體之成」來說「性」，則「性」即
與「氣稟」滾在一起而不相離，故云：「性即氣，氣即性，生之謂也。」因性
氣相即，故性之實理，必受氣稟的限制；而氣稟有清濁不齊之別，故性之表
現乃有善有惡。換言之，性體原是至善的，性中元無善惡兩物相對；而有善
有惡乃是性體受氣稟之限制而有的表現。如是，明道乃謂：「善固性也，然惡
亦不可不謂之性也。」顯然地，此云善惡不就性體言，而是關聯著氣稟之不
齊而言性有不同的表現。由氣稟之清而表現善固是性之表現，即使是在濁而
惡的表現中，亦莫不有性在，只是性不能如其本性而表現之，故明道下文乃
有清水、濁水皆是水之喻。凡此莫不表示：善惡是表現上的事，是流變上的
事。〔註16〕其中，惡之表現實由氣稟使然，不是原初之性中即有善惡相對；
此義即是陽明所云：「本體上才過當些子，便是惡了。不是有一箇善，却又有
一箇惡來相對也。」

至於「善惡皆天理」，明道亦嘗言：「天下善惡皆天理，謂之惡者非本惡，
但或過不及便如此，如楊、墨之類。」〔註17〕明道所謂「善惡皆天理」並不
是指就性體而言的天理還有善有惡。實則，此處之「天理」皆就物情、物勢
之必然而自然者說，並無超越的意義，亦無道德價值的意義。〔註18〕而「謂
之惡者非本惡，但或過不及便如此」亦只是就物勢之表現而言。

〔註15〕《二程集》(臺北：漢京文化事業有限公司，1983年)，上冊，《河南程氏遺書》，
　　　　卷1，頁10～11。
〔註16〕牟宗三：《心體與性體》，第2冊(臺北：正中書局，1984年)，頁165。
〔註17〕《二程集》，上冊，《河南程氏遺書》，卷2，頁14。
〔註18〕牟宗三：《心體與性體》，第2冊，頁82。

理解明道從性之表現、流變上言善惡，則陽明「善惡只是一物」亦可索解。就心之本體言，本是至善，則「善」是絕對的、超越的、純淨的；然人不能不受軀殼之限制，是以心體之表現若是順軀殼起念，則是動於氣，本體上便過當些子，即是惡了。於此意義下，陽明「善惡只是一物」不能就本心粹然至善言，而應就心之表現流變上說。但卻不是明道「善惡皆天理」之義，而是近乎胡五峰所謂「天理人欲同體而異用，同行而異情」之義。胡五峰之言，意謂在同一事體上，有天理、人欲表現上之異用；蓋溺則爲人欲，不溺則爲天理，不是天理、人欲同一本體也。同理，陽明所謂「善惡只是一物」亦不是善、惡不分，而是就心於同一事實之表現言，才過與不及便是惡，復心體之本然則是善。

綜上所言，陽明言「道心人心只是一心」、「善惡只是一物」，皆顯示陽明於「氣之動」所言之善、惡是心之表現流變上的事。而眞正就本原上說，善（至善）、惡不是同質同層而相對的概念，故至善不與惡對，二者是異質異層的。換言之，陽明所謂「善」是就良知本體言，是至善、是絕對的，屬超越層。而其所謂的「惡」則從「氣之動」上的「動於氣」而有，實指本體表現上過與不及而言，屬經驗層。前者爲天理，後者爲人欲，天理、人欲不並立，故工夫之著力點即在「存天理，去人欲」。而從陽明工夫論的角度說，更積極而直接的說法，就是「致良知」。

第二節　從「知行合一」到「致良知」

一、陽明各期的工夫教法

陽明自三十七歲龍場悟道至五十歲正式揭致良知，十多年間，其於工夫的指點講論，也經歷過各種不同的教法。錢緒山以「知行合一、靜坐、致良知」而言的「教亦三變」，即是一扼要的綜括。而若參照《年譜》的繫年，則可細分爲四個階段：首先是三十八歲論知行合一之教；其次是四十二歲居滁陽時，以靜坐爲主；復次是四十三歲於南京講學時，教學者存天理、去人欲，爲省察克治實功；最後是「徹上徹下，萬世無弊」〔註19〕的「致良知」教。無疑地，「致良知」是陽明言工夫之歸結與定論。

―――――――――――
〔註19〕《傳習錄》中：〈答聶文蔚〉二，187。

同是講論工夫，而先後有此數度更易，據陽明自云，蓋工夫之設不免「因病立方」。故陽明對前三階段的各種教法之優點與弊端，極有真切的體驗。陽明曾評述曰：

> 吾昔居滁時，見諸生多務知解，口耳異同，無益於得，姑教之靜坐。一時窺見光景，頗收近效。久之，漸有喜靜厭動，流入枯槁之病。或務為玄解妙覺，動人聽聞。故邇來只說致良知。良知明白，隨你去靜處體悟也好，隨你去事上磨鍊也好，良知本體原是無動無靜的，此便是學問頭腦。我這個話頭，自滁州到今，亦較過幾番，只是致良知三字無病。醫經折肱，方能察人病理。（《傳習錄》下：262）

所謂「多誤知解，口耳異同，無益於得」，即是指倡「知行合一」時學者易犯的毛病。因陽明龍場悟道之翌年，始論知行合一。依陽明之本意，乃欲指點學者證悟「心即理」之知行本體。然初學者驟聞此說，似覺與朱子以來之舊說乖違，信不能及；並每以朱陸異同之問題相辯詰，徒增許多懷疑與問難，無益於就證心體，失卻陽明立言宗旨。故陽明乃云：「悔昔在貴陽舉知行合一之教，紛紛異同，罔知所入。茲來乃與諸生靜坐僧寺，使自悟性體，顧恍恍若有可即者。」〔註20〕

因此，自倡知行合一之翌年至居滁時，陽明只教學者靜坐。陽明之靜坐不是坐禪入定，「蓋因吾輩平日為事物紛拏，未知為己，欲以此補小學收放心一段工夫」。〔註21〕顯然地，陽明教學者靜坐原只為悟入性體而設，陽明自有其用心，此即是「靜以見體」的工夫。因平日吾人常為事物紛擾，故教以靜坐使此心收斂，較易契悟心體。此教法雖收一時之效，但學者卻是扶得東來西又倒，遂誤良知本體有動靜之時，有有事無事之別，徒求寧靜而捨事為，如此一來，則與本體乖隔而不自知。故陽明又發覺以靜坐為工夫易生二弊：一是「漸有喜靜厭動，流入枯槁之病」，二是「或務為玄解妙覺，動人聽聞」；而此二病，皆由「玩弄光景」而來。此義蔡仁厚先生有詳盡的說明：「所謂光景，是在靜坐中出現的一個似是而非的幻影。而這個幻影卻很不容易拆穿。人如以這個幻影為真，遂停在那個幻境中而描畫之，欣趣之，便是『玩弄光景』，這是為道之大病痛所在。」然而何以有光景之出現呢？因「靜坐也即觀心，觀清明之心。觀心是以心為對象，是將心推出去當作一個客體來觀；而

〔註20〕《年譜》，正德五年庚午，先生三十九歲。

〔註21〕同前註。

其所觀的清明之心，實際上只是心的影子〔……〕若將心推出去作客體，則
是心以自己觀自己，心自身便起一主客之分裂」〔註22〕爲此，欲破光景而矯
靜坐之弊，陽明遂從正面而言「存天理，去人欲」。

　　陽明自南都以來，以「存天理，去人欲」開示學者，而實之以克治省察
之功，最主的目的就是要把有事無事的區別打破，〔註23〕使學者功夫無刻暫
息，做到「省察是有事時存養，存養是無事時省察」。《傳習錄》載云：

> 問：「寧靜存心時，可爲未發之中否？」先生曰：「今人存心，只定
> 得氣，當其寧靜時，亦只是氣寧靜，不可以爲未發之中。」曰：「未
> 便是中，莫亦是求中功夫？」曰：「只要去人欲，存天理，方是功夫。
> 靜時念念去人欲，存天理；動時念念去人欲，存天理。不管寧靜不
> 寧靜。若靠那寧靜，不惟漸有喜靜厭動之弊，中間許多病痛，只是
> 潛伏在，終不能絕去，遇事依舊滋長。以循理爲主，何嘗不寧靜？
> 以寧靜爲主，未必能循理。」（《傳習錄》上：28）

在這一段話中，陽明指出寧靜存心時，很可能只是定得住氣，猶告子之不動
心。如此一來，不僅有喜靜厭動之弊，更有許多私欲妄念潛伏於心中不能根
除，反而遇事滋長。此病痛屢出現於陽明門人中，如陳明水（名九川，1484
～1562）即有「每要靜坐，求屏息念慮，愈覺擾擾」〔註24〕之憂，亦有「靜
坐用功，頗覺此心收斂，遇事又斷了」〔註25〕之困，凡此皆是陽明所謂「是
有意於求寧靜，是以愈不寧靜耳」，〔註26〕陽明云「以寧靜爲主，未必能循理」，
眞能深知此中病痛。因此，陽明乃從心體開出直道而相應的工夫，只教學者
不論靜時、動時，都要念念去人欲而存天理。而且只要去人欲、存天理便是
未發之中。因良知本體無分於動靜，無分於有事無事，無分於未發已發，故
「去人欲，存天理」之功夫無間斷之時。

　　「存天理，去人欲」的工夫，從對治上說即是「省察克治」的實功，把
私欲之病根一一拔去，廓清心體，使纖翳不留，如是，魍魎自銷而天理呈現。
從正面立教而言，則是「覩聞思爲一於理」〔註27〕、「專主一個天理」。〔註28〕

〔註22〕 蔡仁厚：《王陽明哲學》（臺北：三民書局，1974年），頁108。
〔註23〕 鍾彩鈞：《王陽明思想之進展》（臺北：文史哲出版社，1983年），頁60。
〔註24〕 《傳習錄》下：202。
〔註25〕 《傳習錄》下：204。
〔註26〕 《傳習錄》中：〈答陸原靜書〉，151。
〔註27〕 《傳習錄》中：〈答陸原靜書〉，156。

尤其「存天理，去人欲」是時時處處不可須臾離也的工夫，故陽明又強調「事上磨鍊」〔註29〕之功，兼破知行二邊，動靜兩分之病痛。

有關此第二階段與第三階段之爲學工夫，陽明嘗有詳盡的說明：

> 教人爲學不可執一偏，初學時心猿意馬，拴縛不定。其所思慮多是人欲一邊，故且教之靜坐息慮。久之，俟其心意稍定，只懸空靜守，如槁木死灰，亦無用。須教他省察克治。省察克治之功，則無時而或可間。如去盜賊，須有箇掃除廓清之意。無事時，將好色好貨好名等私，逐一追究搜尋出來，定要拔去病根，永不復起，方始爲快。常如貓之捕鼠，一眼看著，一耳聽著，纔有一念萌動，即與克去。斬釘截鐵，不可姑容與他方便，不可窩藏，不可放他出路，方是眞實用功，方能掃除廓清。到得無私欲可克，自有端拱時在。雖曰「何思何慮」，非初學時事。初學必須思省察克治，即是思誠，只思一箇天理。到得天理純全，便是何思何慮矣。（《傳習錄》上：39）

陽明此處於工夫次第說得極爲分明，由靜坐而至省察克治，進而臻至何思何慮之境界。由此可見，從靜坐到存天理、去人欲，於工夫教法上，是一大進展，頗能直探本源，而致良知之說呼之欲出！

對於「存天理去人欲」之教法，陽明亦有所評，《年譜》五十歲下繫云：「先生自南都以來，凡示學者，皆令存天理去人欲以爲本。有問所謂，則令自求之，未嘗指天理爲何如也。」換言之，陽明言「存天理去人欲」時，較著重天理與人欲相對照而顯出超越義，而「天理」爲何，陽明只教人反求諸己，卻津津然如含諸口，莫能相度，頗有「夫子之言性與天道，不可得而聞也」之概。及經宸濠忠泰之變後，方信得「致良知」三字眞聖門正法眼藏。如是，天理即良知，良知即天理，良知即是本體，良知無不具足；只要當下就自家「良知」自致，則本體、工夫一時並了，故門人以「泄天機」喻之。〔註30〕實則，良知人人自有，除卻致良知，亦無工夫可言；致良知是徹上徹下的教法，是工夫的起點，也是工夫的終點，只有一個入路，此是相應於道德實踐之本質的直道工夫。〔註31〕

〔註28〕《傳習錄》上：15。
〔註29〕《傳習錄》：23、44、147、204、262 諸條，均論及「事上磨鍊」。
〔註30〕見《傳習錄》下：212。
〔註31〕牟宗三：《王陽明致良知教》，頁23。

二、知行合一

經由以上陽明各期的工夫教法看來,「知行合一」在陽明思想的發展中,是一過渡性的教法。因陽明提出「知行合一」之翌年,已覺此說不能明顯地指出修養工夫,故代之以「靜坐」。且自「致良知」揭示後,陽明除需要辯護「知行合一」外,便已很少論及此說了。而後來王學的發展,「知行合一」也並未成為講學的中心。因此,我們可說「知行合一」不是外於「致良知」的另一種獨立理論,而是依「心即理」說的基礎,針對時弊而發的一種藥方。

然而,陽明「知行合一」說卻頗得近代學者的青睞。如梁啓超(1873～1929)即云:「知行合一,便是明代第一位大師王陽明先生給我學術史上留下最有名,而且最有價值的一個口號。」〔註32〕又謂:「知行合一這四個字,陽明終身說之不厭,一部王文成全書,其實不過這四個字的注腳。」〔註33〕梁任公此「筆端常帶感情」之語,似將陽明「知行合一」之說推崇備至,足以涵蓋陽明整個思想。然衡諸客觀義理,梁任公之了解不盡的當;〔註34〕故對於陽明「知行合一」說的真實含義,有說明之必要。

(一)立言宗旨

陽明立說,每有其立言宗旨,以申明其用心所在,「知行合一」說亦然。陽明云:

> 今人卻就將知行分作兩件去做,以為必先知了,然後能行。我如今且去講習討論做知的工夫,待知得真了,方去做行的工夫,故遂終身不行,亦遂終身不知。此不是小病痛,其來已非一日矣。某今說箇知行合一,正是對病的藥,又不是某鑿空杜撰。知行本體,原此如此。今若知得宗旨時,即說兩箇亦不妨,亦只一箇。若不會宗旨,便說一箇,亦濟得甚事?只是閒說話。(《傳習錄》上:5)

陽明首先指出其言「知行合一」是對病的藥,其所克治之病乃是先知後行,將知行分作兩件事之弊。其次,陽明強調知行本體原是知行合一;若真能知曉陽明補偏救弊之用心,則必知:「知行原是兩箇字說一箇工夫。這一箇工夫須著此

〔註32〕梁啓超:《王陽明知行合一之教》(臺北:臺灣中華書局,1978年),頁2。

〔註33〕同前書,頁5。

〔註34〕梁任公之外,孫文(1866～1925)卻於《孫文學說》第5章中,對陽明「知行合一」說,曾痛加抨擊。實則陽明「知行合一」與孫文「知難行易」乃不同層次的問題。

兩箇字方說得完全無弊病。若頭腦見得分明,見得原是一箇頭腦,則雖把知行分作兩箇說,畢竟將來做那一箇工夫。」〔註35〕換言之,知行原是一個工夫。

進一步地說,陽明又云:

> 某今說知行合一,雖亦就今時補偏救弊說,然知行體段亦本來如是,吾契但著實就身心上體履,當下便自知得。今却只從言語文義上窺測,所以牽制支離,轉說轉糊塗,正是不能知行合一之弊耳。〔註36〕

此處,陽明再次強調知行體段本來合一,此須逆反自家身心上體會踐履,不能以認知的態度,從文義上窺測,否則又陷於今人知行分為二之窠臼中。

至於如何著實就身心上體履知行合一呢?《傳習錄》載云:

> 問:「知行合一。」先生曰:「此須識我立言宗旨。今人學問,只因知行分作兩件,故有一念發動,雖是不善,然卻未嘗行,便不去禁止。我今說箇知行合一,正要人曉得一念發動處便即是行了。發動處有不善,就將這不善的念克倒了,須要徹根徹底,不使那一念不善潛伏在胸中,此是我立言宗旨。」(《傳習錄》下:226)

關於這一段話,劉蕺山(名宗周,1578〜1645)評曰:「如此說知行合一,真是絲絲見血。先生之學,真切乃爾,後人可曾會得?」〔註37〕誠然,陽明此段話就身心體履上言知行合一,實接觸到道德最內在的工夫。因就朱子的工夫進路而言,格物致知屬「知」,誠意屬「行」,二者無必然的關係,知行分作兩件。故由朱子之格物致知,是欲以吾心之知求物之理,而物之格不必能開出誠意之功行,因此才有陽明所謂「一念發動,雖是不善,然却未曾行,便不去禁止」之情形產生。然而知行合一之本體便不然,因吾心一念覺醒(知)即立刻湧出不容自已的力量(行),此陽明所云:「一念發動處,便是行了。」行動之源既由心體自身開出,因此心體本身自能將發動處之不善之念克制,如是道德實踐自有動力,當下為善去惡。

經由以上陽明言「知行合一」之立言宗旨看來,可以發現陽明反覆強調的重點在於:一是「知行合一」乃為補偏救弊而發;一是知行本來是一,而此知即是行,即此行即是知,知行本是一體之兩面,故合稱「知行體段」、「知行本

〔註35〕《全書》,第1冊,卷6,〈答友人問〉,頁6b。
〔註36〕同前註,頁6a。
〔註37〕劉宗周:《劉子全書及遺編》下(京都:中文出版社,1981年),《遺編》,卷13,〈陽明傳信錄〉三,頁20b。

體」。約言之，此即陽明所謂「外心以求理，此知行所以二也。求理於吾心，此聖門合一之教也」之意。〔註38〕就前者言，知行所以分作兩件，其理論癥結即在於心不是理，要格物窮理以得之，如是把求理看作「知」，著手工夫另外看作是「行」，如是則知者未必能行，知行分作兩件。而就後者言，知行本體原是就求理於吾心言，求理於吾心，心即理也。因吾之道德本心不僅自立道德法則（天理），同時有不容已地要求實現其天理之力量，故「心即理」即函蘊「知行合一」。換言之，「知行合一」實際上是以實踐的形式來顯現內在性的天理。〔註39〕故對陽明「知行合一」的理解，應就「心即理」層次上論之，方能得其實義。此即是牟宗三先生所指出的：「知行合一」既不是學行合一，亦不是普通泛泛的知識與行為之問題，乃是道德實踐之本源問題。〔註40〕

（二）「知行合一」之確解

就道德實踐的本源問題言，「知行本體」即是「良知良能」，陽明即明白指出：「知行二字，亦是就用功上說。若是知行本體，即是良知良能。」〔註41〕因就「心即理」言，道德本心即能湧現沛然莫之能禦的實現力量以引發道德行為。故陽明之「知行合一」當該如此理解：「知」指「良知」；「行」指「良能」；「合一」則指分析地一，而不是綜和地一，因就心體言，良知良能本是一分析關係。此「合一」是取「根源意義」，而不是從效驗處說。〔註42〕明乎此義，則「知行合一」是道德創造的縱貫地講，如圖（一），而不是認知的橫攝地說，如圖（二）。〔註43〕

（圖一）　　　　　　　　　　　（圖二）

以下，試看陽明如何分解地說「知行合一」之義。《傳習錄》載云：

〔註38〕《傳習錄》中：〈答顧東橋書〉，133。
〔註39〕鄭世雄：《王陽明致良知哲學之研究》（臺大哲研所碩士論文，1974年），頁38。
〔註40〕牟宗三：《王陽明致良知教》，頁20。
〔註41〕《傳習錄》中：〈答陸原靜書〉，165。
〔註42〕勞思光：《中國哲學史》，第3卷上，頁465。
〔註43〕謝無量：《陽明學派》（臺北：廣文書局，1980年），頁53。

愛因未會先生知行合一之訓，與宗賢、惟賢往復辯論，未能決，以
問於先生。先生曰：「試舉看。」愛曰：「如今人儘有知得父當孝，
兄當弟者，卻不能孝，不能弟，便是知與行分明是兩件。」先生曰：
「此已被私欲隔斷，不是知行的本體了。未有知而不行者，知而不
行，只是未知。聖賢教人，正是要復那本體。不是著你只恁的便罷。
故《大學》指箇真知行與人看，說『如好好色』，『如惡惡臭』。見好
色屬知，好好色屬行；只見那好色時，已自好了。不是見了後，又
立箇心去好。聞惡臭屬知，屬惡臭屬行；只聞那惡臭時，已自惡了。
不是聞了後，別立箇心去惡〔……〕知行如何分得開？此便是知行
的本體，不曾有私意隔斷的。聖人教人，必要如此，方可謂之知；
不然，只是不曾知。此却是何等緊切著實的工夫。如今苦苦定要說
知行做兩箇，是什麼意？某要說做一箇，是什麼意？若不知立言宗
旨，只管說一箇兩箇，亦有甚用？」愛曰：「古人說知行做兩箇，亦
是要人見箇分曉。一行做知的功夫，一行做行的功夫，即功夫始有
下落。」先生曰：「此却失了古人宗旨也。某嘗說知是行的主意，行
是知的功夫。知是行之始，行是知之成。若會得時，只說一箇知，
已自有行在。只說一箇行，已自有知在。古人所以既說一箇知，又
說一箇行者，只為世間有一種人，懵懵懂懂的任意去做，全不解思
惟省察，也只是箇冥行妄作，所以必說箇知，方纔行得是。又有一
種人，茫茫蕩蕩，懸空去思索，全不肯著實躬行，也只是箇揣摸影
響，所以必說一箇行，方纔知得真。此是古人不得已補偏救弊的說
話。若見得這箇意時，即是一言而足。」（《傳習錄》上：5）

在這一大段問答中，有幾個要點：

第一、一般從效驗上看的知父當孝，知兄當弟，而不能孝，不能弟，此
已是被私欲隔斷，不是知行本體。故知行合一不從此處看，而是要從未曾被
私欲隔斷的知行本體言。從本體來說，知行本來是一，故「未有知而不行者」；
知而不行已不是知行本體，所謂「只是未知」。故聖人教人知行，主要是要復
知行本體。此「知行本體」即是陽明思想的中心概念──「良知」。

第二、對於「知行合一」說的解釋，陽明常喜用《大學》之「如好好色」、
「如惡惡臭」來說明。實則，《大學》之言「如惡惡臭，如好好色」是就誠意
而言，即意之誠是真能實現此行為之好與惡。此中即預伏一本心沛然而真實

現此善之好與惡之惡，而眞能爲善去惡。〔註44〕因此，陽明比喻見好色屬知，好好色屬行，不能理解爲「知行合一」是感覺與反應的問題，〔註45〕也不能說成是心理學上的知行本是一事，〔註46〕更不能把知行看成經驗與實行的關係。〔註47〕實則，陽明以「如好好色」、「如惡惡臭」言「知行合一」，並不是將感性與理性混爲一層而不分，而是透過此一譬喻指點出「誠」之不可僞處，以見知行的本然。陽明嘗云：「人於尋常好惡或亦有不眞切處，惟是好好色，惡惡臭，則皆發於眞心，自求快足，曾無纖假者。《大學》是就人人好惡眞切易見處，指示人以好善惡惡之誠當如是耳，亦只是形容一誠字。今若又於好色上生如許意見，却未免有執指爲月之病。」〔註48〕因此，所謂「見好色屬知，好好色屬行；只見那好色時，已自好了」云云，其實義乃指：人之良知若能如同「如好好色」、「如惡惡臭」之情一樣，毫無曲折雜染地自然呈露，不受任何干擾夾雜，則良知即自不容已有其實現的力量。換言之，良知良能之間是直而無曲，由此可見「知行合一」之義。

第三、知行合一既是就本體不受私欲影響，直而無曲之自然呈現言，則道德實踐之所以可能之根據即在於良知，故云「知是行的主意」，「知是行之始」；而此良知必有不容已之「良能」以實現其自發之道德法則，是以「行是知的工夫」，「行是知之成」。故知即貫徹於行，行即連通於知，全知是行，全行是知，良知良能本不離爲二，故云：「只說一箇知，已自有行在。只說一箇行，已自有知在。」

第四、依陽明之意，古人所以說知，又說行，並不是說有一個知的工夫，復有一個行的工夫；而是因爲世間有冥行妄作之人，不能知之眞切；亦有懸空思索之人，不能行之篤實。要之，二者之「知」、「行」皆非知行本體，故古人乃有此不得已之說法，其實只是一個工夫。說明至此，我們便可知陽明屢從「知之眞切篤實處即是行，行之明覺精察處即是知」來說明「知行合一」之用意。

陽明於〈答顧東橋書〉云：

　　知之眞切篤實處即是行，行之明覺精察處即是知。知行工夫本不可

〔註44〕牟宗三：《心體與性體》，第3冊，頁402。

〔註45〕梁啓超：《王陽明知行合一之教》，頁6。

〔註46〕馮友蘭：《中國哲學史》（上海：商務印書館，1935年），頁953。

〔註47〕容肇祖：《明代思想史》（臺北：臺灣開明書局，1973年），頁102～106。

〔註48〕《全書》，第1冊，卷5，〈與黃勉之〉二，頁12a。

離，只爲後世學者分作兩截用功，失却知行本體，故有合一並進之說。(《傳習錄》中:〈答顧東橋書〉, 133)

〈答友人問〉中，陽明亦云:

行之明覺精察處便是知，知之眞切篤實處便是行。若行而不能精察明覺，便是冥行，便是「學而不思則罔」，所以必須說箇知。知而不能眞切篤實，便是妄想，便是「思而不學則殆」，所以必須說箇行。元來只是一箇工夫。〔註49〕

更確切地說:

知之眞切篤實處便是行，行之明覺精察處便是知。若知時，其心不能眞切篤實，則其知便不能明覺精察。不是知之時只要明覺精察，更不要眞切篤實也。行之時，其心不能明覺精察，其行便不能眞切篤實。不是行之時只要眞切篤實，更不要明覺精察也。知天地之化育，心體原是如此。乾知不始，心體亦原是如此。(同上)

將此三段話合併來看，很明顯地，知行合一是就心體而言，心體是一，故知行工夫本不可離，原只是一個工夫。而就「知之眞切篤實處即是行，行之明覺精察處即是知」言，眞切篤實，明覺精察不可分爲二，均從心體上說。因從「知」之一面言，吾心乃發之於良知本體之明覺，本無虛假，則吾心自然眞切篤實。而「眞切篤實」不是妄想，它必函不容已地要見諸行事，因而也就是「行」了，故「知之眞切篤實處便是行」。而就此「行」之一面言，它本是明覺之知在貫注，絕不是冥行，故「行之明覺精察處即是知」。〔註50〕如此一來，知、行是一個，其實義在於表示知行本體之創造性；而一切相應之工夫，無非是要復此知行本體之創造性。

綜上所述，陽明「知行合一」說原自作爲「工夫理論」而提出，但此一「工夫理論」既經提出，遂涉及更根本之「本體理論」。〔註51〕就本體理論言，知行本體之自性原是合一；就工夫理論言，聖人教人知行，正是要復此知行本體。換言之，知行之所以不合一，乃私欲隔斷，故知行本體不能復，若本體既復，則知行本自無礙。然則，所謂「知行本體」者，究何所指？此本體如何便能知行打成一片，充盡無已？由此，「知行合一」即轉成了「致良知」

〔註49〕《全書》，第 1 冊，卷 6，〈答友人問〉，頁6a。
〔註50〕牟宗三:《智的直覺與中國哲學》(臺北:臺灣商務印書館，1987 年)，頁197。
〔註51〕勞思光:《中國哲學史》，第 3 卷上，頁475。

之問題。

三、「致良知」之本義

（一）致吾心之良知

　　陽明所謂「致良知」，其用語本於《大學》之「致知」。關於「致良知」之義，陽明於〈大學問〉中釋云：

> 致者，至也。如云：「喪致乎哀」之致。《易》言「知至至之」。知至者，知也；至之者，致也。致知云者，非若後儒所謂充廣其知識之謂也，致吾心之良知焉耳。〔註52〕

依陽明之解釋，「致」當作「至」，「知」則指「良知」。而就其引《論語·子張篇》之「喪致乎哀而已」與《易》乾〈文言〉之「知至至之」看來，〔註53〕陽明所謂「致」含有「盡其極」與「向前推致」之義。因此，致良知之「致」，是指「向前推致」吾心之良知，以「至乎良知當體之極」。簡言之，致良知即是良知之充分實現與完全擴充，以印證良知之自己。於此意義下，陽明之致良知，猶孟子所云「凡有四端於我者，知皆擴而充之矣」（〈公孫丑篇〉上）之意。顯然地，致良知並不是如朱子所謂：「推極吾之知識，欲其所知無不盡」、〔註54〕「欲致吾之知，在即物而究其理」〔註55〕之順取工夫，而是「致吾心之良知」之逆覺工夫。

　　由於陽明之「致良知」是以「致吾心之良知」來規定，則進一步所顯示的是：良知之「致」，是良知之「自致」，而非「他致」。〔註56〕陽明嘗云：

> 如知其為善也，致其知其為善之知而必為之，則知至矣。如知其為不善也，致其知為不善之知而必不為之，則知至矣。知猶水也，人心之無不知，猶水之無不就下也。決而行之，無有不就下者；決而行之者，致知之謂也。〔註57〕

陽明此處所云「知猶水也」、「決而行之，致知之謂也」，猶如孟子「人性之善

〔註52〕《全書》，第3冊，卷26，〈大學問〉，頁4a。

〔註53〕《易》乾〈文言〉之「知至至之」乃就「可與幾也」言，不必如陽明所云「知至者，知也；至之者，致也」義。

〔註54〕朱熹《大學章句》首章注。

〔註55〕朱熹《大學》〈格致補傳〉。

〔註56〕牟宗三：《從陸象山到劉蕺山》（臺北：臺灣學生書局，1984年），頁270。

〔註57〕《全書》，第1冊，卷8，〈書朱守諧卷〉，頁6a。

也，猶水之就下也；人無不善，水無有不下」之喻。陽明認爲知是知非之良知，人皆有之；而就良知之自性言，良知如溥博淵泉而時出之，良知本自不容已地將其知是知非之判斷見諸行事，以成道德行爲。所謂：「良知之發，更無私意障礙；即所謂充其惻隱之心，而仁不可勝用矣。」〔註58〕

至於就「知猶水也」、致知猶「決而行之」言，此水不是死水，無不就下，莫不川流不息；而「決而行之」亦只是此活水自身湧現力量而行之，不能外此水之力量而別有所決而行之。因此，我們可說，即在水之決而行之中，印證水之所以爲水之自性——無不就下。同理，就道德實踐言，不論聖賢凡愚，莫不有知善知不善之知；亦莫不有知善當爲，不善當不爲之知；只因常人不能無私意障礙，遂使良知不能如其本然而呈現之。故吾人即就「致其知爲善之知而必爲之」、「致其知爲不善之知而必不爲之」之致知工夫中，印證良知之知是知非，良知即天理之自性。換言之，即在良知之向前推致，擴充而見諸爲善去惡的道德行爲中，良知覺知其自己並推致完成其自己。由此可見，「致良知」之「致」實指「自致」。故唐君毅先生乃謂：「致良知之工夫，亦非以另一心去致良知；而實只是良知本體之自致，而自呈現，以爲工夫。」〔註59〕

（二）致知存乎心悟

透過良知之「致」乃「自致」之了解，我們進而可說致良知之工夫，須從良知之自我逆覺而始。〔註60〕所謂「逆覺」即是孟子「湯武反之也」、「反身而誠」之義，即吾人隨良知之呈露而當下自覺地意識之，肯認而操存之。故陽明也認爲：「乃若致知，則存乎心悟，致知焉盡矣。」〔註61〕所謂「心悟」，當指眞切地體認自己之良知。因設若對自己之良知毫無證悟，則致良知根本無從說起，致良知之工夫亦無著力點，故陽明乃云：「功夫不是透得這個眞機，如何得他充實光輝？」〔註62〕爲此，陽明常透過多種指點方式，表達「致知存乎心悟」之義。如《傳習錄》載云：

> 來書云：「凡學者纔曉得做工夫，便要識認得聖人氣象，蓋認得聖人氣象把做準的，乃就實地做工夫去，纔不會差，纔是作聖工夫。未

〔註58〕《傳習錄》上：8。
〔註59〕唐君毅：《中國哲學原論》（導論篇）（香港：新亞書院研究所，1974年），頁315。
〔註60〕牟宗三：《從陸象山到劉蕺山》，頁229。
〔註61〕《全書》，第1冊，卷7，〈大學古本序〉，頁12a。
〔註62〕《傳習錄》下：264。

知是否？」「先認聖人氣象，昔人嘗有是言矣，然亦欠有頭腦。聖人氣象自是聖人的，我從何處識認？若不就自己良知上真切體認，如以無星之稱而權輕重，未開之鏡而照妍媸，真所謂以小人之腹而度君子之心矣。聖人氣象，何由認得？自己良知，原與聖人一般。若體認得自己良知明白，即聖人氣象不在聖人，而在我矣。」（《傳習錄》中：〈啟周道通書〉，146）

在這一段答問中，陽明回答周道通作聖工夫要就自己良知上真切體認做起。而所謂「體認」，陽明有云：「良知即天理，體認者，實有諸己之謂耳，非若世之想像講說者之為也。」〔註63〕換言之，實實落落用功，體認得自己良知明白，即是作聖工夫之第一義。致良知要從體認自己良知明白著力。又如：

一友問功夫不切。先生曰：「學問功夫，我已曾一句道盡。如何今日轉遠，都不著根？」對曰：「致良知，蓋聞教矣，然亦須講明。」先生曰：「既知致良知，又何可講明？良知本是明白，實落用功便是。不肯用功，只在語言上轉說轉糊塗。」曰：「正求講明致之之功。」先生曰：「此亦須你自家求，我亦無別法可道。昔有禪師，人來問法，只把塵尾提起。一日，其徒將塵尾藏過，試他如何設法。禪師尋塵尾不見，又只空手提起。我這箇良知，就是設法的塵尾，舍了這箇有何可提得？」少間，又一友請問功夫切要。先生旁顧曰：「我塵尾安在？」一時在坐者皆躍然。（《傳習錄》下：280）

此處，陽明之學生要求講明致良知之功。陽明則認為良知本自明白，應實落用功，自有得力處；若只囿於語言上之口說，則轉說轉糊塗。而且致之之功，並不是將良知當一個對象看，另外再求一個致之的方法；而是須反求諸己，證悟自家本有之良知，則「致之」之功存焉。除此之外，並無其他巧妙的方法可言說，所謂：「啞子喫苦瓜，與你說不得；你要知此苦，還須你自喫。」〔註64〕末了，陽明更以禪師塵尾之喻，表示：「良知之外更無知，致知之外更無學」之切義。〔註65〕

雖然陽明認為「致知存乎心悟」，無別法可道，亦無跡可尋，但在《傳習錄》中，陽明嘗述及其所體驗的「致知」之功。《傳習錄》載云：

〔註63〕《全書》，卷6，〈與馬子莘〉，頁12b。
〔註64〕《傳習錄》上：125。
〔註65〕《全書》，第1冊，卷6，〈與馬子莘〉，頁12b。

庚辰往虔州再見先生，問近來功夫雖若稍知頭腦，然難尋箇穩當快
樂處。先生曰：「爾却去心上尋箇天理，此正所謂理障，此間有箇訣
竅。」曰：「請問如何？」曰：「只是致知。」曰：「如何致？」曰：
「爾那一點良知，是爾自家底準則。爾意念著處，他是便知是，非
便知非，更瞞他一些不得，爾只不要欺他，實實落落依著他做去，
善便存，惡便去。他這裏何等穩當快樂！此便是格物的眞訣，致知
的實功。若不靠著這些眞機，如何去格物？我亦近年體貼出來如此
分明。初猶疑只依他恐有不足，精細看無些小欠闕。」（《傳習錄》
下：206）

在這一段話中，陽明透過「愼獨」說出其致知工夫的眞正體驗。當學生陳明
水問到「如何致」的問題時，陽明告之「毋自欺」。良知本自知是知非，只要
不欺良知而實實落落依著良知而行，以存善去惡，此即是致良知。陽明嘗云：
「蓋不覩不聞，是良知本體。戒愼恐懼，是致良知的工夫。學者時時刻刻常
覩其所不覩，常聞其所不聞，工夫方有個實落處。」〔註66〕由此可見，不欺
「無聲無臭獨知時」良知之知是知非，此即致知工夫之實落處。故梁啓超認
爲「致良知工夫全以毋自欺爲關鍵」，〔註67〕頗能符合陽明之旨。

又《傳習錄》另一處記載，陽明也眞切說出其致知工夫之體驗，頗富存
在實感，令人警策：

薛尚謙、鄒謙之、馬子莘、王汝止侍坐。因嘆先生自征寧藩已來，
天下謗議益眾，請各言其故。有言先生功業勢位日隆，天下忌之者
日眾。有言先生之學日明，故爲宋儒爭是非者亦日博。有言先生自
南都以後，同志信從者日眾，而四方排阻者日益力。先生曰：「諸君
之言，信皆有之。但吾一段自知處，諸君俱未道及耳。」諸友請問。
先生曰：「我在南都已前，尚有些子鄉愿的意思在。我今信得這良知
眞是眞非，信手行去，更不著些覆藏，我今纔做得箇狂者的胸次，
使天下之人都說我行不揜言也罷。」尚謙曰：「信得此過，方是聖人
的眞血脉。」（《傳習錄》下：312）

當陽明諸弟子針對陽明自征寧藩以來，何以天下謗議日眾而各說出原因時，
陽明卻反求諸己，自省其在南都之前「尚有些子鄉愿的意思在」，此乃謗議日

〔註66〕 《傳習錄》下：329。
〔註67〕 梁啓超：《王陽明知行合一之教》，頁31。

熾的主因。倘若不能將潛伏的「鄉愿」意思根除，良知之真是真非就難以呈現。因此，信得良知，不欺良知，只依良知而行，即是陽明對致良知之工夫的體驗與執持。由此，對於如何「致」良知之問題，亦可思過半矣。

（三）復良知本體

實則，依陽明之看法，不但工夫之著手處在致良知；縱使至於成德圓行，聖賢功用，亦不外此致良知。故陽明乃云：「夫學問思辨篤行之功，雖其用勉至於人一己百，而擴充之極，至於盡性知天，亦不過致吾心之良知而已。」〔註 68〕猶有進者，陽明認為致知之功，不可間斷，故云：「聖人致知之功，至誠無息。」〔註 69〕又云：「依此良知，忍耐做去。不管人非笑，不管人毀謗，不管人榮辱。任他工夫有進有退，我只是這致良知的主宰不息，久久自然有得力處。」〔註 70〕而陽明晚年又以時時集義，時時必有事焉來說明致良知之工夫，〔註 71〕所強調的乃是致知之工夫不可間斷之意。如是，吾人即在此念念致良知中，把良知之天理或良知所覺之是非善惡，不讓它為私欲所間隔，而充分地把它呈現出來，以見於行事。而在此致良知工夫不間斷的充其極中，便復良知至善之本體，復良知寂然不動、感而遂通的本來體用。

關於「復良知本體」之義，陽明云：

> 人心是天淵。心之本體，無所不該，原是一箇天，只為私欲障礙，則天之本體失了。心之理無窮盡，原是一箇淵，只為私欲窒塞，則淵之本體失了。如今念念致良知，將此障礙窒塞，一齊去盡，則本體已復，便是天淵了。（《傳習錄》下：222）

又云：

> 心之本體即是天理，天理只是一箇，更有何思慮得？天理原自寂然不動，原自感而遂通。學者用功，雖千思萬慮，只是要復他本來體用而已，不是以私意去安排思索出來。（《傳習錄》中：〈啓周道通書〉，145）

在這兩段話中，陽明認為心之本體有如天淵一般，無所不該，且心之本體即是天理，天理原自寂然不動，感而遂通，凡此皆實指良知而言。但因私欲窒

〔註 68〕《傳習錄》中：〈答顧東橋書〉，136。
〔註 69〕《傳習錄》中：〈答陸原靜書〉，167。
〔註 70〕《傳習錄》下：243。
〔註 71〕《傳習錄》中：〈答聶文蔚〉二，186。

塞，良知本體放失，故必須從吾心之一點靈明處，念念致良知，去盡私欲之障礙窒塞，而良知本體方能復得完完全全，無少虧欠，故云：「學者用功，雖千思萬慮，只是要復他本來體用而已。」由此可見，「復良知本體」之「復」，是在良知之「致」中「復」。「復」是復其本有，亦即復良知寂然不動、感而遂通之體用。此「復」雖有後返之義，但後返之「復」須在良知向前之「致」中見，此是積極動態地「復」；〔註72〕而不是另立一個「寂然不動」之體，而求歸寂以立體。因良知本是體用一源，即寂即感；而且誠如陽明所云：「一節之知，即全體之知；全體之知，即一節之知，總是一箇本體。」〔註73〕捨當下呈現之良知，沒有另一個良知之本體可「復」、可「致」。因此，吾人即就時時呈露之良知，念念致良知，毫不間斷，以印證良知寂然不動、感而遂通的本來體用。並且在不斷地「致」中，操存良知之本體，勿使放失，此方是致知以復本體。換言之，良知本體是創造真幾，本自不容已地發用流行，無暫停之時；故致良知之功亦不可息，一息，則已非良知本體。

綜上所述，由「知行合一」到「致良知」的各期不同工夫教法，已顯示出：道德實踐最本質而相應的工夫，須緊扣良知而為言。如何使良知不受私欲隔斷，而能如如呈現，以復良知本體之自性，此即陽明言「致良知」之本義。換言之，致良知之工夫，即此心即理之心體或良知之呈現，而更自起用。〔註74〕誠如陽明所云：「聖人之學所以至易至簡，易知易從，學易能而才易成者，正以大端惟在復心體之同然，而知識技能，非所與論也。」〔註75〕如何復心體之同然？惟致良知耳。握此驪珠，則聖人之學，作聖之功，何等明白簡易！

第三節　憑藉《大學》而言「致良知」教

《大學》原屬《禮記》四十九篇中的一篇，唐宋以前，並未受到學者普遍的重視。直至北宋，二程特別表彰《大學》；而程伊川與朱子，更以《大學》為講學的中心與重心。猶有進者，朱子更將《大學》與《中庸》、《論語》、《孟子》合編成《四子書》（簡稱《四書》），為之作章句、註釋，並改訂《大學》。

〔註72〕牟宗三：《從陸象山到劉蕺山》，頁229。
〔註73〕《傳習錄》下：222。
〔註74〕唐君毅：《中國哲學原論》（原性篇）（臺北：臺灣學生書局，1984 年），頁434。
〔註75〕《傳習錄》中：〈答顧東橋書〉，142。

自是以後，《大學》取得了獨立而顯赫的地位。為此，朱子以後，論及內聖之學，《大學》儼然成為討論的中心。而陽明思想實由朱子學轉出，故陽明言「致良知」教也套在《大學》上講。陽明甚至認為，就《大學》之「格、致、誠、正」所言的致良知工夫，方是一徹上徹下的教法，故云：「孟子集義養氣之說，固大有功於後學，然因病立方，說得大段，不若《大學》格致誠正之功，尤極精一簡易，為徹上徹下，萬世無弊者也。」〔註76〕

實則，《大學》本文，只是道德實踐的綱領，有如一個「空殼子」，其自身並不能決定內聖之學之本質。〔註77〕然而陽明為扭轉朱子認知意義的致良知格物論之歧出，亦本孟子學之精神，以「致良知」為中心概念，落在《大學》之「正心」、「誠意」、「致知」、「格物」之關聯中，就道德實踐本身講出另一套確定的致知格物論。雖然，陽明憑藉《大學》所言之「致知」而轉為「致良知」，不一定符合《大學》之原義，但陽明卻言之成理，持之有故，自成一完備的工夫論系統。

一、心、意、知、物之超越區分

不論將「致良知」套在《大學》之「正心」、「誠意」、「致知」、「格物」之關聯中言，或就「致良知」本身概念之分析，皆須分析出心、意、知、物等概念。因此，我們首先探討陽明對此諸概念的解釋與說明。《傳習錄》中曾有數處論及此諸概念，雖強調重點不同，而意旨實相貫通，茲分別引出，並作說明如下：

陽明於〈答羅整菴少宰書〉中云：

> 理一而已，以其理之凝聚而言則謂之性；以其凝聚之主宰而言則謂之心；以其主宰之發動而言則謂之意；以其發動之明覺而言則謂之知；以其明覺之感應而言則謂之物。（《傳習錄》中：〈答羅整菴少宰書〉，174）

此處陽明論及心、意、知、物諸概念皆從「理一而已」而論之，故「心」是就理之凝聚之主宰言，「意」則指心之發動言，而「知」則就意之發動之明覺言，「物」則指良知明覺之感應言。如是，心、意、知、物實是「理一而已」的不同分際之別名。換言之，此是就「理上說」、「客觀地說」，意即「心、意、

〔註76〕《傳習錄》中：〈答聶文蔚〉二，187。
〔註77〕牟宗三：《心體與性體》，第2冊，頁424。

知、物」之「在其自己」。此四者皆屬超越層，無任何感性的雜染。因此，原本經驗層中之「意」與「物」皆上提，即「意」是順理而發動之「善意」，「物」則是良知明覺感應下之「物自身」（thing in itself）。如此一來，心、意、知、物皆就超越層的「理」而言，並未構成工夫論中超越層與經驗層的對治關係。於此意義下的心、意、知、物，並不是工夫論的討論重點。

又陽明於〈答顧東橋書〉中云：

> 心者身之主也。而心之虛靈明覺，即所謂本然之良知也。其虛靈明覺之良知應感而動者謂之意，有知而後有意，無知則無意矣。知非意之體乎？意之所用，必有其物，物即事也。如意用於事親，即事親爲一物；意用於治民，即治民爲　物；意用於讀書，即讀書爲一物；意用於聽訟，即聽訟爲一物。凡意之所用，無有無物者。有是意即有是物，無是意即無是物矣。物非意之用乎？（《傳習錄》中：〈答顧東橋書〉，137）

這一段話的重點在於說明：「知」是「意」之體，「物」是「意」之用。此處所言之「意」是就「良知應感而動」言，故此「意」是從良知而發，有知而後有意，無知則無意，顯示出「知」是「意」之超越的評判標準 —— 知是意之體。雖然此處所言之「意」亦上提自良知言，但就下文所言物是意之用，我們發現就道德實踐言，「意」與「物」原屬同一層面 —— 經驗層。至於陽明所謂的「物」，此文中有明白的規定，所謂：「意之所用必有物，物即事也。」因此，「物」是指意念的內容，是行爲，如事親、治民、讀書、聽訟等皆屬之，可名之曰「行爲物」。如是，「意」與「物」有密切關係，有是意即有是物；反之亦然，物爲意之用。因此，「意」是以「知」爲先天之根據，同時就「意」之涉著處言即是「物」。「意」聯接著「知」與「物」，行動之源攝於良知，而不似朱子對於致知格物與誠意之關係並未明白交待。

《傳習錄》另有二處對心、意、知、物之對治關係有較明顯的劃分，如：

> 身之主宰便是心，心之所發便是意，意之本體便是知，意之所在便是物。如意在於事親，即事親便是一物〔……〕（《傳習錄》上：6）

又如：

> 耳目口鼻四肢，身也。非心安能視聽言動？心欲視聽言動，無耳目口鼻四肢，亦不能。故無心則無身，無身則無心。但指其充塞處言之謂之身，指其主宰處言之謂之心，指心之發動處謂之意，指意之

靈明處謂之知，指意之涉著處謂之物。(《傳習錄》下：201）

由這兩段引文來看，陽明所謂「心」指身之主宰，「意」是心之發動，「知」是意之靈明處或意之本體，「物」則指意之所在或意之涉著處言。其中，作為主宰與靈明之「心」與「知」是屬於超越層。而心之發動之「意」，不能不受感性影響，故意是有善有惡；意既然有善有惡，則意之所在之「物」（事），亦有合理、不合理之別。如是，「意」與「物」皆屬經驗層。因此，「心」、「知」和「意」、「物」遂成兩層的超越區分，亦構成道德實踐中的對治關係，道德實踐乃有明確的工夫歷程而言。茲將心、意、知、物之關係圖示於下：

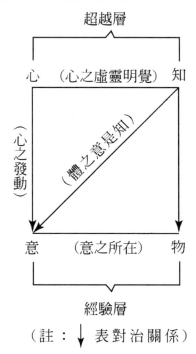

（註：↓ 表對治關係）

由心、意、知、物的超越區分和對治關係看來，陽明憑藉《大學》所言的「致良知」教，當下開出超越層與經驗層，且在此兩層的對治關係中，頗能彰顯道德實踐之所以「險阻」之義，使人們的工夫有實落處。但以「致知」為主而賅貫「格物」、「誠意」、「正心」之工夫，已原非《大學》本義，故對講《大學》言，「致良知教」是一新說。而且就實踐工夫言，同屬心學這一系的孟子、象山皆未打開至此明朗地步，故陽明的「致良知」教有其獨立的意義，是一新發展，有大貢獻。〔註78〕

〔註78〕牟宗三：《圓善論》（臺北：臺灣學生書局，1985年），頁313。

二、四句教與工夫次第

事實上，就陽明心、意、知、物諸概念之對治關係所展開的工夫歷程與次第，即是有名的「四句教」——

> 無善無惡心之體，有善有惡意之動，知善知惡是良知，爲善去惡是格物。

這四句教是陽明致良知教落於《大學》上對於正心、誠意、致知、格物之解釋的綜括。〔註 79〕簡言之，四句教是致良知教的綱領，陽明即以此爲徹上徹下的教法，其言云：「以後與朋友講學，切不可失了我的宗旨：無善無惡是心之體，有善有惡是意之動，知善知惡是良知，爲善去惡是格物。只依我這話頭，隨人指點，自沒病痛。此原是徹上徹下功夫。」〔註 80〕以卜，我們即以四句教爲經，陽明〈大學問〉所言之工夫次第爲緯，逐步說明「致良知」教的工夫歷程與次第：

（一）正心在誠意

〈大學問〉云：

> 然心之本體即性也。性無不善，則心之本體本無不正也，何從而用其正之功乎？蓋心之本體本無不正，自意念發動而後有不正；故欲正其心者，必就意念之所發而正之。凡其發一念而善也，好之眞如好好色；發一念而惡也，惡之眞如惡惡臭；則意無不誠，而心可正矣。〔註 81〕

這一段話主要緊扣四句教的第一句與第二句立論。所謂「心之本體即性也，性無不善」是指「無善無惡心之體」；而「心之本體本無不正，自意念發動而後有不正」則指「有善有惡意之動」。茲說明如下：

「無善無惡心之體」，此是就「至善者，心之本體」而言，表示心之自體是絕對的純淨。所謂「無善無惡」猶「無有作好，無有作惡」、「是謂至善」之義。因心之當體自己，是天命之性，粹然至善，是超越的道德本心，善惡相對之謂詞均無法加以指稱。關於「心之體」是「無善無惡」又是「至善」之義，勞思光先生認爲：「心之體」是「善之根源」，故是「至善」；然正因其爲「善之根源」，故不能再以「善」或「惡」描述之，故說「無善無惡」。

〔註 79〕 牟宗三：《從陸象山到劉蕺山》，頁267。
〔註 80〕 《傳習錄》下：315。
〔註 81〕 《全書》，第 3 冊，卷 26，〈大學問〉，頁4a。

〔註82〕而蔡仁厚先生則有更詳細的解說：〔註83〕

1. 這心體乃是「理」，不是「事」。事有相，而理沒有相，理自無不善，但却無有善相可見。所以陽明又說：「無善無惡者理之靜，有善有惡者氣之動。不動於氣，即無善惡，是謂至善。」至善之心體無善惡之相可見，故曰「無善無惡」。

2. 說「無善無惡心之體」，與告子所謂「性無善無不善」並不相同，二者不可混視。無善無惡的「無」，意在遮撥善惡相對的對待相，以指出這潛隱自存的心體不落於善惡對立之境，藉以凸顯其超越性、尊嚴性、與純善性。

3. 這純善的心體，是未經分割的那個本源的原始之絕對（絕對善，善本身）。究極地說，它是不能用任何名相（善與惡皆是名相）加以指述的。一用名相指述，便限定了它，它便成爲相對的，而不是超越的絕對的本體了。

較之於勞思光先生只將「心之體」視爲能力，蔡仁厚先生之解析，更能彰顯「心之本體即是性」之義，且對於心體何以是「無善無惡」，提供了周全的解釋，符合陽明之旨。

至於「有善有惡意之動」，陽明認爲心體既是至善，超善惡相，則善惡相對之定相，實就心之發動所成之「意」念而言。因心之發動爲意念，不能不受氣質私欲影響，此時，意念循理而發則爲「善」，若順軀殼起念則爲「惡」，故云：「有善有惡意之動。」而此意念之向善或向惡，康德名之曰「根源的行動」，即其採用惡格言或善格言之行動，尚未表現於外而爲行爲之行動，猶吾人所謂的「存心」〔註84〕尤其，意之動是重要的關鍵，有了「意」，乃超越地有「心」、「知」之肯定，復須經驗地有「物」之肯定。〔註85〕道德實踐之對治，由意之動而展開。

對於「無善無惡心之體」與「有善有惡意之動」有恰當的理解後，陽明依《大學》所言之「欲正其心者，先誠其意」便易於領略。就心之本體是至善，是無不善之性體言，心本無不正，故所謂「正心」之「正」只是虛說，

〔註82〕勞思光：《中國哲學史》，第3卷上，頁479。
〔註83〕蔡仁厚：《王陽明哲學》，頁126～127。
〔註84〕牟宗三：《圓善論》，頁314。
〔註85〕同前書，頁320。

只能就「心之發動處才可著力」。換言之，「欲正其心者，必就意念之所發而正之」。因心之發動爲意念，難免受感性之夾雜，有善有惡，不必爲正爲善。因此，欲正其心，在誠意，所謂：「工夫到誠心，始有著落處。」

而「誠意」即是要做到「凡其發一念而善也，好之眞如好好色；發一念而惡也，惡之眞如惡惡臭」。因心之所發，若能如好好色，如惡惡臭般的眞切，不受氣質私欲之隔斷，則自然能實實落落去好善惡惡。如是，意誠而心正矣。然而「意」本屬經驗層，「誠意」如何可能？此必就超越層之意之靈明處——良知——索解。

（二）誠意在致知

〈大學問〉云：

> 然意之所發有善有惡，不有以明其善惡之分，亦將眞妄錯雜，雖欲誠之，不可得而誠矣。故欲誠其意者，必在於致知焉〔……〕凡意念之發，吾心之良知無有不自知者。其善歟，惟吾心之良知自知之；其不善歟，亦惟吾心之良知自知之；是皆無與於他人者也〔……〕今欲別善惡以誠其意，惟在致其良知之所知焉爾。何則？意念之發，吾心之良知既知其爲善矣，使其不能誠有以好之，而復背而去之，則是以善爲惡，而自昧其知善之良知矣。意念之所發，吾心之良知既知其爲不善矣，使其不能誠有以惡之，而復蹈而爲之，則是以惡爲善，而自昧其知惡之良知矣。若是，則雖曰知之，猶不知也，意其可得而誠乎？今於良知所知之善惡者，無不誠好而誠惡之，則不自欺其良知而意可誠也矣。〔註86〕

陽明這一大段詳細的解說，主要在說明：「欲誠其意者，先致其知」。納入四句教則是「有善有惡意之動」、「知善知惡是良知」這兩句。

就超越的道德本心言，四句教第一句「無善無惡心之體」是形式地說，即先抽象地陳述一個潛隱自存的本體，〔註87〕而第三句「知善知惡是良知」則是內容地說。因心之本體之所以爲至善，是由良知明覺之知是知非，自立道德法則（天理）而形著之、印證之，故云「知善知惡是良知」。而四句教中，即以此第三句爲正法眼藏，爲入道之門，最爲重要。

析言之，就「有善有惡意之動」言，顯示出吾人之所以須要下工夫、做

〔註86〕《全書》，第3冊，卷26，〈大學問〉，頁4a-4b。
〔註87〕蔡仁厚：《王陽明哲學》，頁126。

道德實踐，主要是因為「意之動」出了問題，隨軀殼起念，故須對治。然而意念之發極其隱微，唯獨「人雖不知而己所獨知」之良知知之。就此而言，意之動是後天的，意念本身不能明其善惡之分，亦有真妄錯雜之可能，故欲誠其意，必在於「致良知」。因良知是吾人先天本有的，它對於意念而言，有超越的決定作用，是誠意所以可能底超越根據，所謂「意之本體便是知」即表此義。

具體而言，當意念發動時，其或善或惡，吾心之良知皆自知之。而良知之知是知非是自明、自知的，皆不假於他人或外物，它是相應道德實踐之本質核心點。如是，良知即超越於經驗層的意念之上，對於意念起一超越的決定作用。此超越的決定作用，即隱然自決一應當如何之方向，此即「良知之天理」。既以「天理」稱良知，則此良知是絕對的純一，足以作為判斷是非善惡的標準。在此良知之天理之知是知非的照臨下，其本身不但不容已地好善惡惡，且必湧現為善去惡的力量，故陽明乃緊扣「知善知惡」處言「致良知」。

實則，就對於「意」之對治言，說「致」良知；若就良知本身言，良知之「致」是「自致」而非他致。換言之，道德實踐之本質工夫即在「致良知」。欲致良知，主要在於不自欺良知。因設若良知既知善而不能好之，知不善而不能惡之，則將「以善為惡」、「以惡為善」，是自昧其知善知惡之良知心。如是，成為良知之否定，意亦無法誠。為此，工夫之切要處，即在不自昧此知善知惡之良知，並將此良知向前推至，擴充到底，使良知所知之善惡皆能誠好而誠惡之，則意亦可誠矣。由此而言，誠意在致知。

若與朱子的格物致知與誠意相較，陽明由致良知以誠意，方能真正自體上開出行動之源。因為朱子是由「知之者切，然後貫通得誠意底意思」，〔註88〕故知是認知的機能，意是道德行動的機能。而知之真切，不必和意之誠相貫通，故朱子乃重視居敬，以為存養之要法。為此，陽明嘗批評朱子曰：「如新本先去窮格事物之理，即茫茫蕩蕩，都無著落處。須用添個敬字，方才牽扯得向身心上來，然終是沒根源。」〔註89〕至於陽明，其誠意在致知則無此「沒根源」的困難，因「誠意的工夫只是格物致知」，陽明把意之誠攝於知之致而言，故誠意是從致知開出。換言之，真正行動之源只在「致良知」。因此，只要致良知，自然能好善惡惡，意自可誠。要之，工夫的真正著力點，捨良知之「致」外，皆

〔註88〕《朱子語類》（臺北：文津出版社，1986年），卷15，頁299。
〔註89〕《傳習錄》上：129。

是支離，皆爲不相應。

（三）致知在格物

〈大學問〉云：

> 然欲致其良知，亦豈影響恍惚而懸空無實之謂乎？是必實有其事矣，故致知必在於格物。物者，事也。凡意之所發，必有其事。意之所在之事謂之物。格者，正也；正其不正以歸於正之謂也。正其不正者，去惡之謂也；歸於正者，爲善之謂也，夫是之謂格。《書》言「格于上下」、「格于文祖」、「格其非心」；格物之格，實兼其義也。〔註90〕

陽明認爲致知不是懸空無實的，故致知必在實事上格，此即是「致知在格物」之義。若就四句教言，實須就「知善知惡是良知」與「爲善去惡是格物」這兩句來理解。

欲理解「爲善去惡是格物」之義，須先說明何以「格」字作「正」解。陽明云：

> 「格」字之義，有以「至」字訓者，如「格于文祖」，「有苗來格」，是以至訓者也。然格于文祖，必純孝誠敬，幽明之明，無一不得其理，而後謂之格。有苗之頑，實以文德誕敷而後格，則亦兼有「正」字義在其間，未可專以「至」字盡之也。如「格其非心」、「大臣格君心之非」之類，是則一皆正其不正以歸於正之義。（《傳習錄》中：〈答顧東橋書〉，137）

依陽明之意，「格于文祖」、「有苗來格」之「格」，雖以「至」訓，然之所以「格于文祖」，乃因吾人純孝誠敬得其理；之所以「有苗來格」，實以禹之誕敷文德。據此，「格」字亦兼有「正」字之義，「至」字未必能盡文義。至若「格其非心」、「大臣格君心之非」，則皆明白是「正」字之義。故陽明乃謂：「格者，正也；正其不正以歸於正之謂也。」若再合以格物之「物」觀之，「物」是指「意之所在之事」，是意念的內容，是存心起意而表現於外而爲行爲之行動。故所謂「格物」即是「正物」，正其行爲也。就「正其不正者」言，謂之「去惡」；依「歸於正者」言，謂之「爲善」。故曰：「爲善去惡是格物」。

雖然陽明訓「格」爲「正」，於字義上並不相違，亦言之成理；但陽明取

〔註90〕《全書》，第 3 冊，卷 26，〈大學問〉，頁 4b。

「正」的意思，更是依其義理系統而定的。因「爲善去惡是格物」是緊扣著「致知格物」來理解的。陽明對「致知格物」之解釋如下：

> 若鄙人所謂致知格物者，致吾心之良知於事事物物也。吾心之良知即所謂天理也。致吾心良知之天理於事事物物，則事事物物皆得其理矣。致吾心之良知者，致知也；事事物物皆得其理者，格物也。（《傳習錄》中：〈答顧東橋書〉，135）

陽明所謂的「致知格物」，是把「良知之天理」推致擴充到事事物物上而使之「得其理」（合於良知之天理）。換言之，致知格物即是以良知之天理來正物，亦即良知之天理可彰顯出來而落實於事事物物以發正物之用。因此，陽明的「致知格物」不是朱子認知意義下的窮究事物之理，而是道德實踐的攝物歸心以宰物。前者爲橫列的，後者則是縱貫的。

　　前已述及，良知明覺之知是知非，即自發自立道德法則（天理），決定一應當如何之方向，且良知本身即不容已地有實現其方向之要求與力量。當良知之知是知非而好善惡惡，則意誠；而此好善惡惡必落實於意念所在之物而正之，故良知之爲善去惡之力量即在格物（正物之不正，使歸於正）處彰顯，故云「致知在格物」。致知是工夫著力處，格物則是工夫落實處，致知工夫即在格物處落實與驗證，故陽明嘗云：「知得致知，便已知得格物；若是未知格物，則是致知工夫亦未嘗知也。」〔註91〕

　　此外，陽明晚年講學，復由「必有事焉」上來強調「致知在格物」之義，對於致知工夫實爲一眞切的提撕指點。陽明於嘉靖七年（陽明五十七歲，1528）發於廣西之〈答聶文蔚〉第二書（爲陽明絕筆之書）中，即盛發此義，其言曰：

> 區區因與說我此間講學，却只說箇「必有事焉」，不說勿忘勿助。必有事焉者，只是時時去集義。若時時去用必有事的工夫，而或有時間斷，此便是忘了，即須勿忘。時時去用必有事的工夫，而或有時欲速求效，此便是助了，即須勿助。其工夫全在必有事焉上用。勿忘勿助，只就其間提撕警覺而已。若是工夫原不間斷，即不須更說勿忘；原不欲速求效，即不須更說勿助。此其工夫何等明白簡易！何等灑脫自在！今却不去必有事上用工，而乃懸空守著一箇勿忘勿助。此正如燒鍋煮飯，鍋內不曾漬水下米，而乃專去添柴放火，不知畢竟煮出箇甚麼物來？吾恐火候未及調停，

〔註91〕《傳習錄》中：〈啓周道通書〉，148。

而鍋已先破裂矣。近日一種專在勿忘勿助上用工者，其病正是如此。終日懸空去做箇勿忘，又懸空去做箇勿助，濟濟蕩蕩，全無實落下手處。究竟工夫只做箇沈空守寂，學成一箇癡騃漢。才遇些子事來，即便牽滯紛擾，不復能經綸宰制。此皆有志之士，而乃使之勞苦纏縛，擔閣一生，皆由學術誤人，甚可憫矣。（《傳習錄》中：〈答聶文蔚〉二，186）

陽明這一段話甚為警策，對於致知在實事上格之義發揮得極為透闢。所謂「必有事焉」是指時時就事上致良知。因致良知不是沈空守寂的工夫，其工夫全在「必有事焉」上用。若不曾在「必有事焉」上用功，而從著意不著意上懸空守著一個「勿忘勿助」，則將本末倒置而濟濟蕩蕩，陽明燒鍋煮飯之喻實寓深旨。為此，陽明強調「必有事焉」的重要性，只要時時去用「必有事焉」的工夫，不間斷，不欲速求效，則勿忘勿助亦可不必說。關於此義，陽明於〈啓周道通書〉中亦云：「在凡人為學，終身只為這一事，自少至老，自朝自暮，不論有事無事，只是做得這一件所謂『必有事焉』者也〔……〕事物之來，但盡吾心之良知以應之。」〔註92〕如是，致良知工夫即在「必有事焉」上落實，此即陽明言「致知在格物」之義蘊。

猶有進者，由致良知便是必有事焉的工夫看來，此工夫是實學而非著空之談，乃時時可做，人人可行。故陽明嘗論一屬官於簿書訟獄之間做格物致知之功云：「如問一訟詞，不可因其應對無狀，起箇怒心。不可因他言語圓轉，生箇喜心。不可惡其囑托，加意治之。不可因其請求，屈意從之。不可因自己事物煩冗，隨意苟且斷之。不可因旁之譖毀羅織，隨人意思處之」〔註93〕此六個「不可」，正顯示格物實學。離卻實事，良知無由而致。又謂：「我這裏格物，自童子以至聖人皆是此等工夫。但聖人格物，便更熟得些子，不消費力。如此格物，雖賣柴人亦是做得。雖公卿大夫，以至天子，皆是如此做。」〔註94〕由此可見，「致知在格物」，雖以致知為學問頭腦，但就致知工夫落實於格物言，陽明實有「無往而非道，無往而非工夫」之深義，〔註95〕頗能彰顯道德實踐之為實理實事之宏旨，真切而篤實。

〔註92〕《傳習錄》中：147。
〔註93〕《傳習錄》下：218。
〔註94〕《傳習錄》下：319。
〔註95〕《傳習錄》下：330：「致良知，便是必有事的工夫。此理非惟不可離，實亦不得而離也。無往而非道，無往而非工夫。」

三、致知工夫之一貫性

關聯著「正心」、「誠意」、「致知」、「格物」之四句教，雖可展開「正心在誠意」、「誠意在致知」、「致知在格物」的工夫歷程與次第，但此工夫條理之先後次序，卻以「致知」而一以貫之的。換言之，「誠意」、「致知」、「格物」三者雖不是同一，但彼此卻因等價關係而統攝於「致知」。知既致，則意自誠，物自格。故工夫用力處，實在於「致知」而不在「格物」。〔註96〕因此，〈大學問〉云：

> 今焉，於其良知所知之善者，即其意之所在之物而實爲之，無有乎不盡；於其良知所知之惡者，即其意之所在之物而實去之，無有乎不盡；然後物無不格，而吾良知之所知者無有虧缺障蔽，而得以極其至矣。夫然後吾心快然無復餘憾而自謙矣，夫然後意之所發者始無自欺，而可謂之誠矣。〔註97〕

陽明認爲致吾良知所知之善惡，於意之所在之物而爲善去惡，則物無不格；由物無不格而顯知已至，而意亦自誠。而原本受意之動影響而放失之心，亦因良知天理之呈現而復其正位，無一毫忿懥、恐懼、好樂之相，如此則心亦正。因此，《大學》格物、致知、與誠意、正心之事，皆一致良知之事，而更無二事實。〔註98〕

關於此義，陽明屢言之，如：

> 隨時就事上致其良知，便是格物；著實去致良知，便是誠意；著實致良知，而無一毫意必固我，便是正心。（《傳習錄》中：〈答聶文蔚〉二，187）

〈大學古本序〉亦云：

> 故致知者，誠意之本也；格物者，致知之實也〔……〕不務於誠意，而徒以格物者，謂之支；不事於格物，而徒以誠意者，謂之虛；不本於致知，而徒以格物、誠意者，謂之妄〔……〕致知焉盡矣。〔註99〕

這二段話皆顯示出陽明以「致知」攝「格物」、「誠意」、「正心」而有其工夫

〔註96〕 蔡仁厚：《王陽明哲學》，頁34。
〔註97〕 《全書》，第3冊，卷26，〈大學問〉，頁4b～5a。
〔註98〕 唐君毅：《中國哲學原論》（原教篇），頁305。
〔註99〕 《全書》，第1冊，卷7，〈大學古本序〉，頁12a

一貫性之義。然析言之，由心體之至善到意之至善，正須有大段工夫存焉，因人不是神，也不只是粹然至善之心體，人是有限的存在，活動於現實中，不能不受氣質之影響，故「有善有惡意之動」是一既存的事實。意既有善有惡，則意之所在之物，意所派生的行動亦有正與不正之別。這其間，心、意之直接關聯中，心之至善不一定保住意之至善；反之，「心」卻因意之憑依而有正不正之問題。然而若有良知把舵，針對心之不善不正而展開對治的工夫，便能使心終歸於善、歸於正。因良知超越於意念之上，意念之有善有惡，良知自能先天地知善知惡，並鑑別意之善惡；且湧現為善去惡之力量，使意之所在之物無不得其正。心因良知之知善知惡，良知之天理，保住了心體之純粹絕對性。由此觀之，關聯著「正心」、「誠意」、「致知」、「格物」而言的工夫次第，雖有先天、後天的對治相，但對治的根據卻是先天的良知，對治的工夫皆收攝於「致良知」上。因此，「致知」是「誠意」之本，「致知」之實則落於「格物」，故陽明宣稱：「不本於致知，而徒以格物、誠意者，謂之妄。」如是，真正本質的工夫是「致良知」，良知一致，「格物」、「誠意」、「正心」皆得其實。致知工夫之一貫性，於茲顯焉。在這個意義下，陽明強調：「格、致、誠、正、修者，是其條理所用之工夫，雖亦皆有其名，而其實只是一事。」〔註100〕顯然地，「一事」指涉的是「致知」（致良知）。

　　綜上所述，憑藉《大學》所言的「致良知」教，一展開則有格、致、誠、正之工夫次序，彰顯了道德實踐的完備性。一收攝則為致良知工夫之一貫性，表示成德工夫昇進中的統一性。值得注意的是，在「格物」、「致知」、「誠意」、「正心」的工夫次第中，雖有先天、後天的對翻，超越層與經驗層的對治，儼然是一漸教的修行路數。然而由於真正工夫的可能根據與動力在致良知，而良知是先天的，是當下可呈現的。因此，綜括四句教而成的「致良知」教，其為漸只是因有所對治而為漸，但卻不是徹底的漸教，因致良知教之漸是有超越的根據（良知），因而亦含有頓之可能之根據。〔註101〕如是，在致良知教的工夫實踐中，人人皆可成聖不再是一無窮盡，永遠達不到的彼岸。相反地，在致良知教的漸修中，因其含有頓之可能之根據，故「人人皆可成聖」，有其真實的必然性。

〔註100〕《全書》，第3冊，卷26，〈大學問〉，頁3b。
〔註101〕牟宗三：《從陸象山到劉蕺山》，頁280。

第四節　成聖工夫之化境

一、有心俱是實，無心俱是幻；無心俱是實，有心俱是幻

　　雖然陽明憑藉《大學》而講出一套完備的工夫論——致良知教，且關聯著心、意、知、物而展開工夫的歷程。但因意、物皆是經驗層上的「有」，故必須有步步的對治。雖此工夫是從後天入手，但對治的標準卻是先天的。因此，只要致良知工夫純熟、私欲淨清，便可化掉工夫的對治相，臻至工夫的化境，此即所謂「即工夫便是本體」。

　　以下茲舉數例，說明陽明如何指點工夫之化境。《傳習錄》載云：

> 黃勉叔問：「心無惡念時，此心空空蕩蕩的，不知亦須存箇善念否？」
> 先生曰：「既去惡念，便是善念，便復心之本體矣。譬如日光被雲來遮蔽，雲去光已復矣。若惡念既去，又要存箇善念，即是日光之中添燃一燈。」（《傳習錄》下：237）

又如：

> 先生嘗語學者曰：「心體上著不得一念留滯，就如眼著不得些子塵沙。些子能得幾多，滿眼便昏天黑地了。」又曰：「這一念不但是私念，便好的念頭亦著不得些子，如眼中放些金玉屑，眼亦開不得了。」（《傳習錄》下：335）

這兩段話都強調化除善惡相的對治而「無心為道」。如黃勉叔就不免圍於善念惡念的對治中，如是即使惡念去，亦要存個善念，此對無善無惡的至善之心又著了些意思，已非心之本體，本體是與物無對的，故陽明以日光之中添燃一燈之喻點醒之。又如陽明亦嘗告訴學者，私念、好念皆著不得於心體上，否則便有貽累，便有對治。由此可見工夫純熟後，更要將工夫的對治相化掉，方能復心體本然之天理流行。如是，程明道所云「天地之常以其心普萬物而無心，聖人之常以其情順萬事而無情」一語，對於打破工夫之對治相而達化境深有啟發。「以其心」是存有層上的真實的「有」，「普萬物而無心」是作用層上的「無」，無心普物而物自普。此「無心」猶「無有作好，無有作惡」之義，唯有透過作用層上的「無」心，才能打掉工夫對治、著意的毛病。

　　關於此義的確切說明，《傳習錄》有一段記載：

> 先生起行征思田，德洪與汝中追送嚴灘。汝中舉佛家實相幻相之說。
> 先生曰：「有心俱是實，無心俱是幻。無心俱是實，有心俱是幻。」

　　汝中曰：「有心俱是實，無心俱是幻，是本體上說功夫。無心俱是實，

　　有心俱是幻，是功夫上說本體。」先生然其言。(《傳習錄》下：337)

依陽明與王龍溪的理解與詮釋，此段話可分爲兩個重點：

　　1. 有心俱是實，無心俱是幻，是本體上說功夫。

　　2. 無心俱是實，有心俱是幻，是功夫上說本體。

所謂「有心俱是實，無心俱是幻」此是從存有層上立論的，誠如陽明所言：
「大人之能以天地萬物爲一體也，非意之也，其心之仁本若是，其與天地萬
物而爲一也。」故此無限智心本有此存有論的遍潤性，此是「乾坤萬有之基」
的良知之絕對性。就良知之爲存有論的創生、實現原理言，凡有良知所貫注
潤澤之存有者，一切皆是眞實的，反之，若無良知之承體起用，一切皆歸於
虛無幻化。因此，就良知本體言，一切皆實，故就「體」(本體)上所開出
的工夫皆是道德的實事實理，此即「有心俱是實，無心俱是幻，是「本體上
說功夫」之義。

　　至於「無心俱是實，有心俱是幻」，則須從作用層上加以說明。「無心」
不是存有層上的「無」(沒有)，而是作用層上的「無」(無掉造作)，是「天
地之常以其心普萬物而無心」之「無心」，相對於此「無心」的「有心」，則
是造作不自然之義。因此，在體現良知之作用上，須以「無心」的方式來體
現，方能毫無增損擬議於其間，則一切皆渾然天成，本體如如呈現。反之，
一有私意造作，則工夫不但不眞實而虛假，本體亦將扭曲而失其正位。故從
工夫上來體現本體，須是無心爲之。此即是「無心俱是實，有心俱是幻，是
功夫上說本體」之義。

二、「四無」之調適上遂

　　由「有心俱是實，無心俱是幻；無心俱是實，有心俱是幻」的理解，我
們便可進一步了解王龍溪本陽明四有教所臻至之「四無」的化境。

　　有關「四無」之說是王龍溪於天泉橋上，面對錢緒山舉陽明「四句教」
所提出的，其內容《傳習錄》與《年譜》均有所載。〔註102〕但對「四無」本
身的解說，王龍溪語錄所記載的較爲詳實：

　　　夫子立教隨時，謂之權法，未可執定。體用顯微只是一機，心、意、

　　知、物只是一事，若悟得心是無善無惡之心，意即是無善無惡之意，知即是無善無惡之知，物即是無善無惡之物。蓋無心之心則藏密，無意之意則應圓，無知之知則體寂，無物之物則用神。天命之性粹然至善，神感神應，其機自不容已，無善可名，惡固本無，善亦不可得而有也。是謂無善無惡。〔註103〕

所謂的「四無」是指：「心是無善無惡之心，意即是無善無惡之意，知即是無善無惡之知，物即是無善無惡之物」。茲分別說明如下：

　　「心是無善無惡之心」，此是就「無心之心」而言，此「無」是心之表現作用上的無，非存有上的無。其實義乃是在存有層上肯定有心，但在心之表現作用上卻以「無心」的方式表現。如是，無心之心之表現無迹可尋，亦無顯相可執，然心體卻含藏萬有，故「無心之心則藏密」。

　　「意是無善無惡之意」是指「無意之意」言。原初就經驗層言，意是有善有惡的，但無善無惡之意，卻是至善之意，意完全純化而無感性之駁雜。此時，意之表現是以「無意相」之方式（不起意）表現。如是，意之動不再隨感性造作而起念，而是依良知之明覺，良知之天理而動，故「意之動」是動而無動，亦不見有意相，此即是無意之意。無意之意，動而無動，應物而不滯於物，故「無意之意則應圓」。

　　若依前三句之理解，則「知是無善無惡之知」之「知」乃是「無知之知」。但「知是無善無惡之知」與「意是無善無惡之意」之理解方式不同。因為「無善無惡之知」不是對遮「有善有惡之知」而來；良知之知根本不能有善有惡，良知是超越的，故說良知是無善無惡或有善有惡，皆無意義。如是，所謂「無知」之「無」是指「無知相」而言。當良知對意之善惡與物之正不正而顯「知善知惡，為善去惡」之作用時，此謂良知之「知相」。但不論良知有知相或無知相，良知之表現總是自然的，不是有意造作的，故「無知之知」的理解與「無心之心」、「無意之意」不同。無知相之知，即在渾化之境中，良知既無經驗層上之意與物為其所對，只是此知之如如流行，大而化之。既無意與物之對治，亦不顯決定之知相，則其體寂矣（即寂即感之寂），故云「無知之知則體寂」。

　　「物是無善無惡之物」亦即「無物之物」之義。此承「意是無善無惡之意」而言。因意既完全純化，則意之所在之物，亦是無善無惡。而此時之「無

〔註103〕王畿：《龍谿王先生全集》上，卷1，〈天泉證道紀〉，頁96。

物之物」，是物無物相，它沒有與「知」相對的對象相，也沒有善惡意念中之有正、不正之分辨相，而純然是在良知之明覺感應中如如的呈現。此時，「物」不是經驗層上「意之所在為物」之「物」，而是超越層上「明覺感應為物」之「物」，是「物自身」（thing in itself）之「物」。「無物之物」與良知之明覺感應一起呈現，即寂即感，亦承無意之意則應圓而顯，故「無物之物則用神」。

綜上所述，則心無心、意無意、知無知、物無物，也可以說：心、知是意、物的「體」之微，意、物是心、知的「用」之顯，四者上下徹然共貫，已無超越層與經驗層的對治相。此即陽明所謂「體用顯微只是一機，心意知物只是一事」之義，而四無是一工夫的化境。總持地說，心、意、知、物四者總只是那粹然至善其機自不容已的天命之性之神感神應之自然流行或如如呈現之渾然一事。〔註104〕故云：「天命之性粹然至善，神感神應，其機自不容已，無善可名，惡亦本無，善亦不可得而有也，是謂無善無惡。」

顯然地，在四無之境中，「體用顯微只是一機，心意知物只是一事」，不是分別地說，而是非分別地說的化境之事。如是，藏密、應圓、體寂、用神之心、意、知、物，綜之亦可曰冥寂中之心、意、知、物，或迹本圓融中之心、意、知、物（心、知是本，意、物是迹）。全本是迹，全迹是本。〔註105〕迹本冥契，迹冥圓矣。〔註106〕此即是「即本體便是工夫」的四無化境。

最後需要特別要申明的是，四無是實踐對治所至之化境，若嚴格地自教法言，四無並不能獨自成一教法。〔註107〕儘管龍溪嘗記載陽明原有此四有、四無兩種教法；並認為四無之說為上根人立教，四有之說為中根以下人立教。〔註108〕然而陽明於《傳習錄》已論及：「利根之人，世亦難遇，本體、功夫，一悟盡透，此顏子明道所不敢承當，豈可輕易望人？」〔註109〕因就上根之人，如「堯舜性之也」，乃天縱之聖，一悟本體即是工夫，而本體亦無本體相，工夫亦無工夫相，只是一於穆不已、純亦不已之天理流行而已，如何可說是教法呢？而同時上根與中根以下人之別，只在氣質之清明濁重，縱使是上根之

〔註104〕牟宗三：《圓善論》，頁319。
〔註105〕牟宗三：《圓善論》，頁319～320。
〔註106〕向秀、郭象注《莊子》，提出迹冥論。
〔註107〕牟宗三：《從陸象山到劉蕺山》，頁280～281。
〔註108〕王畿：《龍谿王先生全集》上，卷1，〈天泉證道紀〉，頁95～104。
〔註109〕《傳習錄》下：315。

人亦不能無對治，不能無嗜欲之雜，不過少而易化。因此，依陽明之意，真正徹上徹下的教法還是「四句教」（致良知教）。

　　雖然「四無」不可作為一客觀的教法，但是「四無」卻是本於「四句教」而調適上遂的發展。因「四句教」雖是漸教，但卻不是徹底的漸教，它即含有頓之可能，良知人人本有，時時可呈現。如是，一切感性之夾雜，對治之相可頓時超化之，如大舜「聞一善言，見一善行，若決江河，沛然莫之能禦」。〔註110〕此雖圓頓之境，亦是人人可至的。由此可見，「四句教」與「四無」不是兩套相對的教法，而是在「四句教」的工夫純熟後，「四無」是其必然達至的工夫化境。因此，牟宗三先生認為，龍溪在「四無」上把境界推至其究竟處，亦是良知教底調適而上遂。〔註111〕

〔註110〕《孟子‧盡心篇》下。

〔註111〕牟宗三：《從陸象山到劉蕺山》，頁282。

第五章　結　論

　　「內聖外王」一語雖源自《莊子・天下篇》，然最能彰顯儒家數千年來聖聖相傳的心願。就內聖之學言，孔孟立教而創宏規，《中庸》、《易傳》神光透發更極其義蘊。降至宋明儒，繼而發潛德之幽光，無復餘蘊。王陽明尤是儒家內聖之學長期發展脈動中，最能凸顯儒家陽剛之顯教的一位思想大家。陽明在內聖之學的發展上，有其新創發、新貢獻。

　　實則，內聖之學即是成德之教，此本屬於孟子所謂：「求則得之，舍則失之，是求有益於得也，求之在我者也。」（〈盡心篇〉上）因「內聖」是指內在於個人自己之生命，自覺地作聖賢之工夫（道德實踐），以完成其德性人格，其最高境界則以「成聖」為歸的。因此，本文首先從陽明的學思歷程，指出陽明思想的中心課題是「人人皆可成聖」──此亦即內聖之學的核心所在。而環繞此課題所展開的最切要問題是：道德實踐之所以可能的超越根據是什麼？道德實踐有無真正的必然性？這兩個問題顯示出內聖之學、成德之教必含本體與工夫兩方面的內容。

　　在未探討陽明的本體論與工夫論之前，為釐清歷來牽合佛、老思想作為陽明思想淵源的誤解，本文直接從陽明《傳習錄》及諸文獻所呈現的基本義理與問題，指出就內聖之學本身的義理言，與陽明思想最有直接關係的先行者，當推朱子、陸象山與孟子。其中，陽明浸潤朱子學最久，朱子對陽明影響亦甚鉅。因此，陽明一方面難掩回護朱子之真情，一方面基於學術良知，又不得不從客觀義理上指出朱子對於內聖之學的理解，有不少偏差。為此，陽明所思考的問題，幾乎皆針對朱子而發，故從「對反」的關係看來，朱子思想實為陽明思想發展的重要觸媒。儘管就正面義理言，朱子的影響是消極

的。至於在義理上對陽明思想有積極影響的，則屬象山與孟子。陽明與象山之學術宗旨同是「心即理」，皆奠基於孟子「仁義內在」之偉大洞見而來。因此，陽明思想實由朱子轉出而歸宗於陸象山與孟子。

復次，就本體論的探討言，陽明揭示良知以彰明道德實踐所以可能的超越根據，是一大創見。陽明不僅以「知」（良知）爲本體，且對「德性之知」形成一明確的概念。故本文對陽明本體論的說明，首先客觀地肯斷「心即理」，以彰明仁義內在之旨。但陽明表達此義理之方式，是透過遮撥朱子析心與理爲二之錯誤而分解地有所立。因在宋儒「天道性命相貫通」的義理發展中，程伊川、朱子以泛認知意義、泛存有論的方式來講道德，顯然是歧出。由於程、朱對道體的體會是「只存有而不活動」，故心、性判爲二，心、理析爲二，道德法則由客觀的對象（物之超越的所以然之理）決定。如是，便是以知識的進路來講道德，自然不切於道德的本質，遂成爲主智主義的他律道德。同時，亦混漫了「德性之知」與「聞見之知」的分際而繳繞不清。爲此，陽明乃本仁義內在於心言「心即理」之義，至善只在吾心，吾人之道德本心自立道德法則，本心覺現即天理呈現，心理是一，道德法則由主體（心）所決定，講明意志自律之義。並嚴分道德問題與知識問題的不同，釐清朱子的重重理障，彰顯「德性之知」首要的、獨立的地位。

而就陽明正面所盛發的義理言，其中心概念是「良知」。陽明之「良知」本於孟子而進於孟子，故本文乃關聯著孟子四端之心先探討陽明之「良知」概念如何形成。大抵而言，陽明之前，多以「仁」綜括四端之心，仁爲總德而知爲條目，仁是本體。洎乎陽明，卻以「知」綜括四端之心，將「知」冒於「仁、義、禮、智」之上而通徹於四端，不但彰顯道德本心之具體創發性與泛應曲當性，更彰著良知於是非善惡上之內在地自立準則性。如是，知爲本體，令人作聖工夫當下有入手處，更切於具體的道德實踐。因此，「知」取代了「仁」之重要地位，堪稱一突破性的創發。

繼而本文乃對「良知」之概念作一更深入的分析，詳加說明良知之先天性、常存性、良知之明覺與智的直覺，以及良知之主觀性、客觀性、絕對性。析言之，良知既是本體，則凡分解說的天道、性命、天理、本心，俱收攝於「良知」而相貫通爲一。因此，就良知之「體」的說明言，良知是先驗本有的，此爲良知之先天性。又良知亙萬古、塞宇宙，且不在現象界的自然因果條件系列中，此即良知之常存性。再者，良知本是體用一源，其體則以「明

覺」來理解，其用則是明誠相生、常覺常照的「智的直覺」來說明。如此，良知之「知」不是能所橫列的認知之知、見聞之知，而是縱貫的創生之知、德性之知。故良知之「知」無知識意義的認知相（SKO），而是道德本心之自我震動而返照自己。區分了橫列的認知之知與縱貫的創生之知之別，自然對「德性之知」有更明確的理解。

進而，本文再就良知之承體起用地言良知之三性。良知之主觀性是就良知「無聲無臭獨知時」之「知是知非」而言，此知是知非的判斷是最內在的、最後的標準，沒有錯誤可言，自是明白。而良知之客觀性是指「良知即天理」而言，良知自立道德法則，自悅道德法則，自不容已地實現道德法則之判決，充分彰顯意志底自律。由此一性，證實良知是道德實踐之所以可能的超越根據，良知是道德實體而開道德界。猶有進者，由於此心之精誠惻怛，踐行不已，自然上達天德，而默會此良知亦是乾坤萬有之基，是造化的精靈，是一切存在的存有論根據，此即見良知之絕對性。由此，良知同時是形上實體，是存有論的創生原理，良知因而開出存在界。於此良知三性的道德創造大用中，實踐地證成儒家「道德的形上學」（moral metaphysics）。故總持地說，良知是「即存有即活動」的創造真幾。

另一方面關於工夫論的探討，本文首先說明陽明對天理與人欲的看法，以建立道德生活中之二元性（ethical duality），使惡之可能有所說明，因而開對治之門，使為善去惡之道德實踐表現其必要性與嚴肅性。實則，根據陽明「道心人心只是一心」、「善惡只是一物」的看法，惡並不是與生俱來與善相對，只是至善之本體動於氣而過與不及方成為惡。換言之，失其至善之本體便是惡，善、惡繫於一心之操存與陷溺。因此，道德實踐最本質而相應的工夫，須緊扣良知而言；此可由陽明從「知行合一」到「致良知」的各期不同教法的發展中，得以證實。如是，「致良知」即是陽明言工夫論之歸結與定論，而「知行合一」只是致良知未提出前，陽明針對時弊而發的一種方藥。

就「致良知」言，「致知」一詞本於《大學》，陽明卻以孟子學的義理來定致良知教之骨幹，以扭轉朱子泛認知主義致知格物論的歧出。依致良知之本義言，是就本心良知之不容已，向前推致擴充，即在此向前推致中，復吾人至善之本體。至於其工夫內容之展開，陽明則進一步憑藉《大學》的格、致、誠、正之綱領，將心、意、知、物作超越的區分，綜括為四句教法，展開為「正心」、「誠意」、「致知」、「格物」血脈貫暢的工夫次第。其中，「誠意」

之本在「致知」，「致知」之實在「格物」，則「致知」方是真正工夫的著力處。因此，致知工夫有其一貫性，良知一致，則物自格，意自誠，心自正矣。陽明如此言「致良知」教，顯示出道德實踐的完備性與統一性，不僅對《大學》而言是一新說，就孟子、象山心學之傳統來說，陽明的致良知教自有其獨立的地位。此外，陽明的致良知教雖因對治關係而顯爲漸教相，但因對治的根據是先天的良知，故致良知教不是徹底的漸教，而含有圓頓的可能。因此，陽明亦從作用層上的無心，來指示工夫的化境。由是，「四無」說正表達了「無心爲道」的理境。換言之，「四無」說正是四句教調適上遂的渾圓化境。在四無化境中，體用顯微只是一機，心、意、知、物渾是一事，四者渾然無別。

綜上所述，陽明以「良知」與「致良知」涵蓋綜括了其內聖之學中本體論與工夫論兩面，宗旨明白簡易，而體系完備圓足。因良知人人本有，是道德實踐所以可能的超越根據；而致良知工夫，人人可作，時時可行，雖是漸教，卻含有圓頓的可能，故「成聖」是真實而可能的。爲此，陽明真足以證成其思想之中心課題——人人皆可成聖。

而若衡諸宋明儒三系的內聖之學發展言，同是成德之教，同是著重心性問題的講習，然陽明的內聖之學卻有其獨特的地位與價值。因陽明學之義理間架，既非程、朱之「性即理」，亦非胡五峰系之「以心著性」，而是直承孟子即心言性的傳統，與象山一樣，其本領「只是一心之朗現，一心之申展，一心之遍潤」，〔註1〕特別著重主觀面，講心學。而就內聖之學的諸性格言，凡言心學即是顯教，在此一顯教教相下，陽明復從四端之心中，點出「知是知非」之心人人現在，誠不可揜，使人一反觀而自得，由此契入作聖之路，真是切要明白。如是，本體一提便在，工夫當下可爲，本體、工夫打拼歸一，故陽明「致良知」教實爲顯教中之顯教。〔註2〕爲此，從先秦至宋明儒之內聖之學、成德之教的發展來看，陽明此一「顯而又顯」的教法，實卓爾有所立，有其獨特的地位與價值。故牟宗三先生指出：「孟子有功於聖門，而後來王陽明又有功於聖門也。」〔註3〕本論文即以此言定位陽明「內聖之學」而作總結。

〔註1〕 牟宗三：《心體與性體》，第1冊（臺北：正中書局，1983年），頁47。

〔註2〕 凡顯教若無真實工夫來貞定，稍有偏差，易流於人病，王學末流之弊，或肇因於此。然本論文之重點旨在闡明內聖之學的完備圓足性，故對於王學末流之弊端與王學之評估，不在討論之列。

〔註3〕 牟宗三：《王陽明致良知教》（臺北：中央文物供應社印行，1980年），頁46。

主要參考書目

一、經、史

1. 《周易》，十三經注疏本。臺北：藝文印書館。
2. 《尚書》，十三經注疏本。臺北：藝文印書館。
3. 王邦雄等：《孟子義理疏解》。臺北：鵝湖出版社，1983 年。
4. 托克托等：《宋史》。臺北：鼎文書局，1978 年。
5. 朱熹：《四書章句集註》。臺北：鵝湖出版社，1984 年。
6. 岑溢成：《大學義理疏解》。臺北：鵝湖出版社，1986 年。
7. 張廷玉等：《明史》。臺北：鼎文書局，1979 年。
8. 黃宗羲：《明儒學案》。臺北：華世出版社，1987 年。
9. 黃宗羲等：《宋元學案》。臺北：河洛圖書出版社，1975 年。
10. 楊祖漢：《中庸義理疏解》。臺北：鵝湖出版社，1983 年。

二、子、集

1. 王夫之：《張子正蒙注》。臺北：廣文書局，1970 年。
2. 王守仁：《王陽明全集》。臺北：河洛圖書出版社，1978 年。
3. 王守仁：《陽明全書》。四部備要本，臺北：中華書局，1970 年。
4. 王畿：《龍谿王先生全集》。臺北：廣文書局；京都：中文出版社，1975 年。
5. 朱熹：《大學或問》。四庫全書珍本，臺北：臺灣商務印書館。
6. 朱熹：《朱子大全》。四部備要本，臺北：中華書局，1970 年。
7. 但衡今：《王陽明傳習錄札記》。臺北：臺灣商務印書館，1957 年。

8. 周敦頤：《周子全書》。臺北：廣學社印書館，1975 年。

9. 張載：《張載集》。臺北：漢京文化事業有限公司，1983 年。

10. 陳榮捷：《王陽明傳習錄詳註集評》。臺北：臺灣學生書局，1983 年。

11. 陸九淵：《陸九淵集》。臺北：里仁書局，1981 年。

12. 程顥、程頤：《二程集》。臺北：漢京文化事業有限公司，1983 年。

13. 劉宗周：《劉子全書及遺編》。京都：中文出版社，1981 年。

14. 黎靖德編：《朱子語類》。臺北：文津出版社，1986 年。

15. 羅欽順：《困知記》。明嘉靖間刊本，臺北：中國子學名著集成編印基金會，1978 年。

三、陽明學專著

1. 王熙元：《王守仁（中國歷代思想家卷九）》。臺北：臺灣商務印書館，1987 年。

2. 牟宗三：《王陽明致良知教》。臺北：中央文物供應社，1982 年。

3. 牟宗三：《從陸象山到劉蕺山》。臺北：臺灣學生書局，1984 年。

4. 秦家懿：《王陽明》。臺北：東大圖書公司，1987 年。

5. 張君勱：《比較中日陽明學》。臺北：中華文化出版事業委員會，1955 年。

6. 張其昀等：《陽明學論文集》。臺北：華岡，1977 年。

7. 梁啟超：《王陽明知行合一之教》。臺北：臺灣中華書局，1978 年。

8. 陳弱水：《論成色分兩說闡釋之流變》。臺北：臺灣學生書局，1986 年。

9. 黃敦涵：《陽明學說體系》。臺北：泰山出版社，1962 年。

10. 楊天石：《王陽明》。北京：中華書局，1972 年。

11. 蔡仁厚：《王陽明哲學》。臺北：三民書局，1974 年。

12. 鄧元忠：《王陽明聖學探討》。臺北：正中書局，1982 年。

13. 錢穆：《王守仁》。臺北：臺灣商務印書館，1981 年。

14. 謝無量：《陽明學派》。臺北：廣文書局，1980 年。

15. 鍾彩鈞：《王陽明思想之進展》。臺北：文史哲出版社，1983 年。

四、近人專著類

1. 中國哲學史學會、浙江省社會科學研究院編：《論宋明理學：宋明理學討論會論文集》。杭州：浙江人民出版社，1983 年。

2. 王開府：《儒家倫理學析論》。臺北：臺灣學生書局，1986 年。

3. 甲凱：《宋明心學評述》。臺北：臺灣商務印書館，1981 年。

4. 宇野哲人著、馬福辰譯：《中國近世儒學史》。臺北：中國文化大學出版社，1982 年。

5. 牟宗三：《名家與荀子》。臺北：臺灣學生書局，1982 年。

6. 牟宗三：《中國哲學十九講》。臺北：臺灣學生書局，1983 年。

7. 牟宗三：《中國哲學的特質》。臺北：臺灣學生書局，1987 年。

8. 牟宗三：《心體與性體》。臺北：正中書局，1984 年。

9. 牟宗三：《現象與物自身》。臺北：臺灣學生書局，1982 年。

10. 牟宗三：《智的直覺與中國哲學》。臺北：臺灣商務印書館，1987 年。

11. 牟宗三：《圓善論》。臺北：臺灣學生書局，1985 年。

12. 牟宗三：《道德的理想主義》。臺北：臺灣學生書局，1982 年。

13. 吳康：《錫園哲學文集》上冊。臺北：臺灣商務印書館，1961 年。

14. 李日章：《宋明理學研究》。高雄：三信出版社，1979 年。

15. 李澤厚：《中國古代思想史論》。新店：谷風出版社，1987 年。

16. 周克勤：《道德觀要義》。臺北：臺灣商務印書館，1970 年。

17. 范壽康：《朱子及其哲學》。臺北：臺灣開明書店，1976 年。

18. 范錡：《倫理學》。臺北：臺灣商務印書館，1974 年。

19. 唐君毅：《中國文化之精神價值》。臺北：正中書局，1975 年。

20. 唐君毅：《中國哲學原論》（原性篇）。臺北：臺灣學生書局，1984 年。

21. 唐君毅：《中國哲學原論》（原教篇）。香港：新亞研究所，1975 年。

22. 唐君毅：《中國哲學原論》（導論篇）。香港：新亞研究所，1974 年。

23. 唐君毅：《文化意識與道德理性》（下）。臺北：臺灣學生書局，1975 年。

24. 唐君毅：《道德自我之建立》。臺北：臺灣學生書局，1985 年。

25. 容肇祖：《明代思想史》。臺北：臺灣開明書店，1973 年。

26. 徐復觀：《中國人性論史》。臺北：臺灣商務印書館，1979 年。

27. 徐復觀：《中國思想史論集》。臺北：臺灣學生書局，1981 年。

28. 康德著、牟宗三譯註：《康德的道德哲學》。臺北：臺灣學生書局，1982 年。

29. 傅偉勳：《西洋哲學史》。臺北：三民書局，1984 年。

30. 勞思光：《中國哲學史》。香港：友聯出版社，1980 年。

31. 馮友蘭：《中國哲學史》。上海：商務印書館，1935 年。

32. 黃公偉：《宋明清理學體系論史》。臺北：幼獅文化事業公司，1971 年。

33. 楊祖漢：《儒學與康德的道德哲學》。臺北：文津出版社，1987 年。

34. 熊十力：《新唯識論》。臺北：河洛圖書出版社，1975 年。

35. 劉述先：《朱子哲學思想的發展與完成》。臺北：臺灣學生書局，1982 年。

36. 劉述先：《黃宗羲心學的定位》。臺北：允晨文化事業股份有限公司，1986 年。

37. 蔡仁厚：《新儒家的精神方向》。臺北：臺灣學生書局，1982 年。

38. 錢穆：《中國學術思想史論叢》（七）。臺北：東大圖書有限公司，1986 年。

39. 錢穆：《宋明理學概述》。臺北：臺灣學生書局，1977 年。

40. 謝仲明：《儒學與現代世界》。臺北：臺灣學生書局，1986 年。

五、期刊論文類

1. 牟宗三：〈中西哲學會通〉（四），《中國文化月刊》，第 73 期（1985 年 10 月）。

2. 吳登臺：〈「心學」是否為唯心論商榷〉，《鵝湖月刊》，第 39 期（1978 年 9 月）。

3. 杜維明：〈王陽明答周道通書五封〉，《大陸雜誌》，第 47 卷第 2 期（1973 年 8 月）。

4. 陳郁夫：〈王陽明的致良知教〉，《師大學報》，第 28 期（1983 年）。

5. 陳特：〈由孟子與陽明看中國道德主體哲學的方法特性與發展〉，《新亞學術集刊》，第 3 期（1982 年）。

6. 陳德和：〈王陽明知行合一之釐定〉，《中國文化月刊》，第 50 期（1983 年 12 月）。

7. 勞思光：〈王門功夫論之爭議及儒學精神之特色〉，《新亞學術集刊》，第 3 期（1982 年）。

8. 楊祖漢：〈孟子與告子義內義外之辯論〉，《華岡文科學報》，第 16 期（1988 年 5 月）。

9. 蔡仁厚：〈王陽明「大學問」思想析論〉，《鵝湖月刊》，第 137 期（1986 年 11 月）。

10. 蔡仁厚：〈王陽明「經學即心學」的基本義旨〉，《中華文化復興月刊》，第 8 卷第 9 期（1975 年 9 月）。

11. 錢明：〈當代中國的陽明學研究〉，《中國哲學論集》，第 13 期（福岡：九州大學中國哲學研究會，1987 年 10 月）。

12. 戴君仁：〈象山說格物〉，《大陸雜誌》，第 38 卷第 10 期（1969 年 5 月）。

13. 戴君仁：〈陽明評象山說格物〉，《大陸雜誌》，第 39 卷第 4 期（1969 年 8 月）。

14. 戴璉璋：〈德性之知與見聞之知〉，收入《牟宗三先生七十壽慶論文集》。臺北：臺灣學生書局，1978 年。

六、學位論文

1. 宋河璟：《王陽明心學之研究》。臺北：師範大學國文研究所博士論文，1986 年。

2. 林日盛：《王陽明心學之發展及其影響》。臺北：中國文化大學哲學研究所碩士論文，1981 年。

3. 陳一峰：《陽明「良知學」之探究》。臺中：東海大學哲學研所碩士論文，1985 年。

4. 陶國璋：《王陽明哲學研究 —— 良知之三性》。香港：新邪研究所博士論文，1986 年。

5. 黃麗娟：《王陽明成德之教探微》。臺北：臺灣大學哲學研究所碩士論文，1981 年。

6. 鄭世雄：《王陽明致良知哲學之研究》。臺北：臺灣大學哲學研究所碩士論文，1974 年。

附　錄

雨、散步、哲思——記牟宗三先生的燕居

　　子之燕居，申申如也，夭夭如也。——《論語·述而》

　　春來之後，時時陰晴不定。傍晚時分，突然聽到窗外的花葉滴滴答答作響，一抬頭，驀見滿天昏暗，細雨如線，恣意地灑向大地。歷經久旱，這一陣雨，令人有說不盡的喜悅，我心中也隨之興起一種悠遠卻明晰的感受：雨，猶如綿綿的思慕之情，居於心園，一旦無端湧起，總是久久不能自已。

　　一年多來，每逢雨天，牟先生的身影最易浮現。情感上，我很難接受牟先生已辭世的事實，只覺得那段哀傷逾恆的日子淡了，而思念之情卻變濃了，師生相處的十年歲月，歷歷如在眼前，恍如昨日，也許思念與回憶的世界才是真實的。

　　在牟先生一生孜孜不倦的教學生涯中，我們這些晚近才受教的師大學生，算是末代弟子。駑鈍如我，也與牟先生相差五十多歲，從未曾夢想有一天能親炙大師問學。而在此之前，有關牟先生的形象，多半是從閱讀他的著作來勾勒的。強探力索中，似懂非懂，「牟先生」畢竟太抽象、太遙遠了。偶爾從師長口耳相傳所描繪的牟先生，也多是「望之儼然」的氣象，令人又敬又畏。然而，這十年以來，我真正接觸感受到的牟先生，卻充滿「即之也溫」的溫潤親切之感，此中更有嘉祥之氣，令人憬然有所思，豁然有所悟。我便在牟先生如此的生命氛圍中，領受他哲人慧思的長期薰陶與浸潤。我由此得見學問的莊嚴與玄思的美妙，也同時體會到生命的艱難與牟先生的人格世界。

記憶中，印象最深刻的，不是跟隨牟先生嚴肅地問學，往往是與牟先生從容地生活。對老師而言，生活裡最重要的是不可或缺的「散步」。老師喜歡散步，也懂得散步，更喜歡在雨中或雨後散步。十年來，師大後門狹小的浦城街，鬧中取靜的青田街、麗水街，偶有綠木點染的溫州街，我們不知漫步過多少回。後來，老師搬到永和，臨近的福和國中校園，便是最佳的徜徉之處。偶爾興致一來，我們便乘車出遊，永福橋對岸的河堤公園、台大校園，遠至中正紀念堂，都有我們的足跡。點點滴滴，都成為一幕幕的心靈圖畫，時時思想起。

依老師的生活作息，傍晚或晚餐前後是最適合散步的美好時光。通常老師都會像小孩出門前一般地興奮，先回到臥房，喜孜孜地穿好襪子，披上常穿的棗紅色毛衣，再把雙腳套進幾乎從不擦拭的老皮鞋裡，順手拿著拐杖，眼神一揚，手勢一揮，說道：「走，我們散步去！」如果遇上雨天，老師便會推開窗戶，喜出望外地稱道：「這真是個好天氣！」除非雨勢太大，否則斜風細雨也阻擋不了他散步的雅興。我常左手撐著大黑傘，右手輕輕地攙扶著老師，背包裡還裝著他喜歡吃的餅乾、零食，便成行了。

老師走得很慢，途中我們沒有「莫聽穿林打葉聲，何妨吟嘯且徐行」豪邁，有的是宛如僧廬聽雨的沈思。老師常會拿著枴杖，隨意畫畫濕漉漉的地上，若有所感地說：「地上濕濕的，真好！」而一看見雨天的樹木變得清新翠綠，他的臉上便泛起微微的笑容。有時，老師看見那些在都市叢林中，冒雨趕路的人們，或是橫衝直撞的車輛，便會略顯不悅。也許老師覺得他們活得太匆忙，太沒有美感了，生活原是需要閒情的。

然而，老師的美感世界，是哲學家式的深邃，是屬於古典中國的。有一次，一如往常，我們於雨後散步，在青田街周圍的小巷裡繞來繞去。晚風徐來，夜空下，路上行人不多，有些寂寥。走著走著，老師的枴杖撥弄著街道旁雨後的稀疏落葉，停了下來，悠悠然地告訴我：「從小至今，不知為什麼，只要看到落葉，心中便有莫名的神祕感⋯⋯」我當下默默無語，與老師相視而笑，心中感動不已，一種生命的實感全然湧上。只覺得老師這番話很美，蘊藏著生命的奧祕與形上的玄思。老師對一草一木的榮枯，花開花謝，都深有所感，這與詞人「林花謝了春紅，太匆匆」的慨歎憐惜不同，它是更深刻、更厚重的。

老師對於「時雨之潤」是深有體會的。他的性情雖似孤傲，但內心深處

總希望萬物的生命都能得到潤澤，這是儒者覺潤感通的本懷。因此，他喜歡家中有春意、有綠意。有一次老師病癒返家休養，清晨時分，我聽見客廳有聲音，連忙起身看個究竟。原來老師一手拄著枴杖，一手拿著茶杯，慢慢踱步到浴室裝水，再倒入矮櫃上的花瓶裡。然而他不小心卻讓花瓶的水溢了一地，老師望著那一灘水，手足無措，有些慌張地說：「花瓶的水不夠了，菊花需要水……」我一邊擦乾地板，一邊望著那一叢菊花，在清晨溫煦的朝陽下，受到老師滿懷溫暖的沃灌，菊花也若有情，正在展顏歡笑。

有時，老師的散步也很認真。他覺得年紀大了，沒有力氣再與人爭辯哲學問題，但他卻喜歡年輕人問他一些關鍵性的哲學概念。有一回我們在師大校園散步，談到「智的直覺」（intellectual intuition）。老師眼睛一亮，炯炯有神，他把這個概念在西方哲學史上的來龍去脈詳加疏解，並說明它在康德哲學體系中的獨特性。另一方面，他也從中國哲學傳統疏解過來，從張橫渠對德性之知與聞見之知的區別，說到陽明所謂「良知之虛靈明覺」。老師說得很盡興，也很酣暢。走走停停，從夕陽西下談到華燈初上，一點倦容都沒有。三個多小時走下來，回家吃晚飯已近九點鐘了。雖然飯菜都涼了，但那一頓飯我卻吃得特別香甜，粒粒米飯中，皆有老師的教誨之恩。

又有一年，老師正全心全力翻譯康德的《判斷力批判》，並為我們這些學子講論「真善美的分別說與合一說」。一天，老師講到「審美判斷的四相」，辯析精彩，三小時一氣呵成，神采瞿鑠。一下課，老師休息了好一陣子，喝了牛肉汁，吃了些餅乾，我們才從師大沿著和平東路散步回家。那時，正是秋高氣爽的季節，秋風迎面拂來，有些涼意。老師望了望遠方白雲淡淡的天空，無視於車水馬龍的和平東路，愉悅地翹起枴杖，微笑道：「涼風起天末」，我也沒大沒小地接下去：「君子意如何？」老師頭一側地看著我，不以為忤，又笑了，「嗯，這就是美。」談笑間，滿是慈顏。康德所精思的「無任何利害關心」（disinterest）這一概念，就在我們師生的相視中，了然默會於心了。這種心靈的宴饗，可遇而不可求，如風之飄，如水之流，只覺得那一天的步履非常輕盈，感覺真好，也真美！

每到夏天，老師總是受不了台灣的酷熱。這時他喜歡散步到有綠蔭的地方。因此，麗水街轉角的小公園、中正紀念堂、植物園就是我們散步的佳處。一路上，熙攘而過的人群，彷彿與我們毫不相干，老師喜歡停在小公園裡小憩一番。他穿著輕柔的白色唐裝，坐在園角的石椅上，衣袂隨風飄拂。他常

雙手拄著枴杖，托住雙腮，看著那些溜滑梯的小孩，或者靜靜地看著玩躲避球的小學生們。球上下來回地飛動，或觸地，或高空劃過。我則坐在老師身旁，小心翼翼地注意任何一個可能飛過來的觸身球。老師喜歡看小孩子盡情玩樂的樣子，常常看得出神，不知不覺泛起微笑；我則喜歡看老師慈祥的容顏，想像他含飴弄孫之樂。雖然常常一坐半個小時，師生未曾交談一言，但公園中的歡笑聲卻縈繞耳際，不感寂寞。我常想老師喜愛這情景，或許因為它就是「老者安之，朋友信之，少者懷之」的現代寫照吧！

老師的晚年，喜歡兒孫們的言笑晏晏，也渴望親情的滋潤。有一回，仲夏之夜，我們散步到中正紀念堂，老師找到廣場上的一處石階，坐了下來，談論了一晚的婚姻之道。老師慨歎地說：「《史記》〈外戚世家〉所謂的『夫婦之際，人道之大倫也。禮之用，唯婚姻為兢兢。』誠不我欺。」他也贊歎太史公的洞見，對「人能弘道，無如命何？」心頗感戚戚焉。老師說司馬遷談到「妃匹之愛，君不能得之於臣，父不能得之於子，況卑下乎？」是真有生命的實存感受。尤其，「既驩合矣，或不能成子姓。能成子姓矣，或不能要其終，豈非命也哉？孔子罕稱命，蓋難言之矣。」這一段話，更能洞悉人倫婚姻之多少不盡分處。婚姻之道，不僅難言，實又不忍言之。

的確，老師常是掛念遠在香港的師母，擔心愛子的健康，盼望孫女前來服侍。尤其在老師幾度病危住進臺大醫院之際，更渴望親人在旁。當老師的孫女鴻卿、鴻貞先後自大陸來臺照顧他時，他內心有說不出的喜悅，祖孫甚至相擁而泣。師母未來臺時，老師時有埋怨，但思念則更為殷切。及師母來臺定居，老師病中一顆懸宕的心終於放了下來，說道：家中真的需要有個女主人。很快地，那一回老師便在舊曆年前出院回家了。經過師母無微不至的照顧與調養，我於年初三向老師拜年時，已見他臉上豐腴多了，飯量也不少，談興更高。師母總隨待在老師身旁，師母說：「老師喜歡握著我的手，拉我坐在他的身旁，我也想讓他感覺安慰些。」看見老師、師母、孫女一家和樂融融的溫馨畫面，我默默祝禱：願老師身體早日康復，得享天倫之樂。

然而，好景不常，師母卻在年初七跌傷，也住進臺大醫院開刀。在那一星期中，老師晚上睡不著覺，飯量也減少許多，心情又急又慌，一下子身體又虛弱消瘦下來了。老師藉著去臺大醫院復診之際，要我以輪椅推著他上樓去探望師母。病房中，連空氣都冷清的，師母毫無元氣，臉色有些蒼白地躺著，一見老師進門來，急忙說：「哎呀！你身體不好，怎麼來了？」老師則靠

近師母床前，執手相看淚眼，哽咽說：「少年夫妻老來伴，你要趕快好起來，我們一起回家……」兩位病中的老人家真情流露，令人動容。但是，不知為什麼，老師身體就一直清瘦下去，直到進入加護病房前，只有三三·六公斤，再也沒有起色。

老師生前，曾有兩度在臺大醫院住過頗長的一段日子。哲人的病裡乾坤，竟是家事、國事、天下事，事事關心。吃藥、打針、檢驗的慣常醫療活動，老師雖然配合，但也覺得煩悶。因此，每當他精神好一些的時候，仍未忘情於散步。午後，老師用餐完畢，會有一陣子午睡，只要幫他按摩腳底或內關、合谷穴，他會睡得特別沈穩。午睡醒來後，精神會蠻好的，這時他會示意我們準備輪椅，要出去逛逛。當老師坐上輪椅時，我們會在他膝上再蓋上一條小毛毯或薄被，以防著涼。推出病房，我們繞過護理站，走向長廊的終端，從十五樓的透明玻璃，俯瞰臺北市的街景與總統府。此時，老師的枴杖就成了交通指揮棒，左轉、右轉、往前、往後地指揮著，神閒氣定。有時，老師興致一來，還會到六樓的畫廊走走，參觀字畫，考考我們這些學生的藝術造詣。當我們答不出來，或答得不善巧時，他會略顯得意地搖搖頭，再細心地指點一番。生病中的老師，仍不失哲人的從容三昧，有智慧，也有美感。

老師住院期間，臺灣的政局也宛如戰國時代，執政黨的主流、非主流之暗潮洶湧，或國民黨與民進黨的統獨之爭，都是他關切的話題。每當老師較親近的大弟子們前來探望時，他總會聽聽他們對時局的看法，然後再抒發自己的所感所思。對於我們這些如兒孫輩的小弟子，老師曾花好長一段時間，講論他所感受的「歷史」。他通常從明朝亡國談起，談清代，也品評民國時代的人物，對民國以來的政局，分析甚詳。如「西安事變」，老師便有他獨到的看法。但老師著力最多的是，讓我們體會鄭成功駐守臺灣、治理臺灣的這段史實與苦心。他認為臺灣作為遺民世界，有它獨特的歷史地位。因此，他於醫院散步時，常俯瞰總統府而陷入沈思：認為這美麗之島是中華民族的正朔所在，不能妄自菲薄。

老師更語重心長地寄望我們這些學生，或是不論統派、獨派的政治人物，都應好好去體會沈葆楨巡撫臺灣時，為鄭成功祠所作的那一幅對聯之用心。老師很多次引用這一幅對聯：「開萬古得未曾有之奇，洪荒留此山川，作遺民世界。極一生無可如何之遇，缺憾還諸天地，是創格完人。」臺灣有今日的成就，是祖先們歷經千辛萬苦，冒渡黑水溝之險，篳路藍縷，以啟山林而來

的，不能飲水而不思源。雖然創業維艱，守成不易，然而不論有任何政治歧見，族群衝突的創傷，大家眼光都應放得長遠一些，不要囿於島國心態，要好好珍惜臺灣、建設臺灣。在現今無可奈何的政治現實處境中，以有本有源的文化意識、政治智慧，走出一條屬於臺灣的康莊大道。老師常說：臺灣若能多出幾個李遠哲，能多幾個人得諾貝爾獎，能多出些哲學家、文學家、藝術家，乃至企業家、政治家，臺灣自然會發光，誰也不能否認或輕視臺灣的存在事實。

仔細回想，老師住院期間，他的關懷幾乎全在時代的脈動上，他的「病」似乎不成其為關切的話題或焦點，這樣的「病人」是很少見的。只可惜，那記滿老師對時代感受的三大本病中札記，卻在出院的匆忙中，不翼而飛，再也找不到了，殊為可惜。

然而，我萬萬想不到，最後一次陪老師散步，竟是走在臺大醫院的景福大道上。去年四月十一日深夜，得知老師病危，恐不久於人世，我在驚慌哭泣中自嘉義搭夜車北上。一路上，肝腸寸斷，心緒紛亂，總祈願奇蹟出現，或醫生判斷有誤。因為年初老師給我壓歲錢時，孫女鴻貞還戲言爺爺吝嗇，才給一千元。老師則笑著說：「怎麼會少呢？一年給一千元，十年不就一萬元了嗎？我還要活到九十多歲呢！」老師原是要長命百歲的，怎麼這盤棋局卻逆轉了呢？凌晨三點多，我儘量控制情緒，走入不知進出多少回的臺大醫院。加護病房外，孫女鴻貞與多位自海外趕回來的學長、學姊，徹夜守候。

那一夜好漫長，一分一秒都令人驚心動魄，清晨五時，我走進加護病房探望老師。白色病床上，他穿著藍白相間的薄衫，所有折磨人的管子都卸下來了。他的身子微微抽動著，右手放在胸前。一如往昔，老師的容顏非常慈祥，臉色微顯紅潤，呼吸也很平緩，醫生所預警的浮腫狀況皆未出現。就像以往服侍老師時的默契，我先按按他的湧泉穴，溫溫的；接著我再按老師右手的合谷穴與內關穴。此時，老師的手緊緊地抓住我的拇指，我連試了幾次，他都沒鬆手。我驀然直覺到：老師知道我來了。我心中淌著淚，輕輕地喚著老師：月惠來了，我來看您……。不久，我心中慢慢平靜下來，總覺得老師只是睡了好長的一覺，他還會再醒來，精神依舊。自美國趕回來的淳玲學姊也與我這麼樂觀地期盼著：老師本事很大，他一定會渡過這個難關的。不料十二日下午二時以後，老師的病情卻急轉直下，加護病房內的醫學儀器測試表，數字都越降越低，直到三時四十分，老師溘然長逝了。我端詳了老師

安詳的容顏許久，熱淚盈眶，再也按捺不住滿懷的悲慟之情。

家屬小殮後，我推著白色殮布覆蓋下的老師，一步一步地自加護病房走向地下樓的景福大道。景福大道上空無一物，冷冷清清，蒼蒼白白，每一步的腳步聲都顯得特別清楚。這條路好長好長，沒有人間世的熙熙攘攘，時間彷彿都凝結住了，我的意識也突然成了真空狀態。我好幾度想停下來，揭開殮布再看老師最後一眼，但我的雙手卻也是僵硬冰冷的。我不復有什麼記憶，潛意識中只是重複不斷地向老師說兩句話：老師，您慢慢地走……老師，您安心地走……。前一句話老師是很熟悉的，因為每當我扶著老師散步時，總會順口說出這句話。不知不覺，機械式地轉個彎，便是景福大道的盡頭，也是天人永訣之處，直教人情何以堪？

老師逝世後，長眠於新店的長樂景觀墓園。這一年來，我去過好多次，多半在雨天。墓園的景觀與視野極佳，風日晴和之時，陽光亮麗，往左，可以看得到觀音山麓，淡水河的出海口。陰雨晦冥之際，右邊的層層山巒綢繆，山嵐縈繞其間，緩緩地，縹緲有致。墓園周遭，時時可見林木蓊蓊，綠意盎然，老師散步其間，想必怡然自得。

師母常說她好幾回夢見老師，都看到他站在濕濕的地上，然後她接著若有所思地喃喃自語：「老師喜歡下雨天。」她也常問我：「你說，老師現在過得好不好？他在做什麼事？」我總直覺地回答師母：老師一定過得很好，他也一定在講學。或者，他也許與熊先生、唐先生、徐先生論學談心，散步去了。

書窗外的梅雨一連下了好幾天，孺慕之思中，煙雨迷濛裡，依稀可見老師雨後散步的欣喜之容，悠閒之趣……。

月惠追思於牟先生逝世週年（1996 年）4 月
刊登於《鵝湖月刊》第 254 期（1996 年 8 月），頁 53～57。

後 記

在我開始邁向學術生涯時，這本碩士論文意味著我的「第一步」。雖然舉步維艱，但卻是意義非凡。就個人生命歷程而言，論文背後，記錄著我從學於牟宗三先生的點點滴滴，不僅有客觀義理的思考，更有生命智慧的啓迪與沃灌，宗師的教導之恩，時時感念。

然而，遺憾的是，自從我完成此論文後，它的出版命運幾經波折，似乎難以得見天日。猶記得論文撰成之際，文史哲出版社負責人彭正雄先生有意出版拙作，納入《文史哲學集成》叢書系列。但論文答辯結束後，當時臺灣師範大學國文研究所所長王熙元教授準備將拙作編入籌畫中的《碩士論文叢刊》，並將與出版機構合作，以廣流傳。因此，我婉拒彭先生的厚愛，配合國文研究所的出版計畫。不料，此出版計畫隨著王熙元教授的辭世，石沈大海而未成。雖然如此，彭先生與王所長的關愛，我默默感念。嗣後，不同階段的學術壓力紛沓而致，我已無餘暇重寫或大幅度修改此論文，出版計畫又再次擱淺。去年花木蘭文化出版社負責人高小娟小姐主動來函，請求授權，將拙作納入由林慶彰教授主編的《中國學術思想研究輯刊》出版。此叢書以呈現臺灣各大學博碩士論文的研究成果爲主，我既屬於此一學術社群，自然願意共襄盛舉。

本論文之架構章節經牟宗三先生悉心指導而底定，引文論證亦經其教導而定奪。楊祖漢教授亦曾仔細審閱拙作，對於字句之斟酌，義理之討論，惠我良多。因此，爲保有當時的思路，感念當年牟先生教導的鴻恩，此次出版時，只在文句上稍做修訂，論文架構與論點則維持不變，並增添〈附錄〉一篇，以爲這段可遇不可求的師生情緣留下學問與生命的對話。至於拙作之瑕瑜得失，幸望海內外先進，不吝指正。

林月惠　2009 年 1 月 15 日

於中央研究院中國文哲研究所存誠齋